新世纪全国高等教育影视·游戏动漫艺术丛书

SHUZI YOUXI GAILUN

数字游戏概论

◎ 科技部"国家科技支撑计划"项目成果
◎ 文化部"原创动漫扶持计划"
◎ 教育部"教学成果一等奖"内容产品

师涛 / 编著

西南大学出版社
国家一级出版社 全国百佳图书出版单位

图书在版编目（CIP）数据

数字游戏概论 / 师涛编著. —重庆： 西南大学出版社，2021.12
（新世纪全国高等教育影视·游戏动漫艺术丛书）
ISBN 978-7-5697-0028-2

Ⅰ. ①数… Ⅱ. ①师… Ⅲ. ①电子游戏－高等学校－教材 Ⅳ. ①G898.3

中国版本图书馆CIP数据核字（2019）第264998号

新世纪全国高等教育影视·游戏动漫艺术丛书
主　编：周宗凯
数字游戏概论　师涛 编著
SHUZI YOUXI GAILUN

责任编辑：鲁妍妍
责任校对：袁　理
整体设计：张　毅　王正端
排　　版：黄金红
出版发行：西南大学出版社（原西南师范大学出版社）
地　　址：重庆市北碚区天生路2号
邮　　编：400715
网　　址：http://www.xdcbs.com
网上书店：https://www.xnsfdxcbs.tmall.com
电　　话：（023）68860895
印　　刷：重庆康豪彩印有限公司
幅面尺寸：210mm×285mm
印　　张：7.5
字　　数：210千字
版　　次：2022年1月 第1版
印　　次：2022年1月 第1次印刷
书　　号：ISBN 978-7-5697-0028-2
定　　价：58.00元

本书如有印装质量问题，请与我社读者服务部联系更换。
读者服务部电话：（023）68252507
市场营销部电话：（023）68868624　68253705

西南大学出版社美术分社欢迎赐稿
美术分社电话：（023）68254657　68254107

序 | PREFACE

从某种意义上讲，动画不仅仅是一门集艺术与技术于一体的学科，它还是当代文化艺术的集合点——文学、影视、美术、音乐、软件技术等尽汇其中。动画也是一个产业——已成为世界创意产业中非常重要的组成部分，这必然涉及产品和产业的系统策划、衍生产品开发、市场营销等。由此，动画必然成为一个内容庞厚、体系庞大的学科。

动画创作从编剧到技术制作，再到配音，要跨越几个专业。因此，没有团队的协作很难完成。这自然使动画教学还要涉及团队合作精神和工程规划、流程管理等方面。

那么怎么去实施这些复杂的内容教学呢？

首先，一套优秀的教材对于学校教学和学生学习都是十分重要的，不敢说它就是动画教学机构和动画学子的"锦囊妙计"，但通过教材规划出知识结构的框架和逻辑，使教学有规范，使学生的思考有路径，是十分必要的。但什么是优秀教材？在我看来，"系统性"是十分重要的。按课程名称撰写教材并不是一件难事，将各种动画知识堆砌成一堆所谓的"教材"也不是难事，但要真正使其形成一套系统性的教材是十分困难的。因此，我们专门从全国高校物色那些不仅在相关课程教学中极富经验，而且主持过教学管理、项目管理的领军人物组成编写班子，并经多次研讨、论证、磨合，才完成了本丛书的规划。

其次，动画艺术是一门技术性、实践性很强的艺术。因此，动画教材的编写，不仅要求编写者要有丰富的动画艺术理论知识和教学经验，还要有动画项目的实战经验。使教材超越"常识"层面，才能对学生实践有引领作用，才能以此为典范去引导学生。本丛书在作者选择上就首先选择了这类专家，同时还吸纳了部分业界精英、创作一线的骨干共同完成这套教材的编写。

本丛书自2008年出版以来，期间进行了多次修订，将实践经验注入其中，使之不断完善。

特别值得一提的是本丛书的编撰得到了国家相关部门的支持。首先，教材中的部分内容源于我所主持的国家科技部"科技支撑计划"项目成果，这个项目为本丛书的部分技术论证提供了平台。此外，国家文化部"'原动力'中国原创动漫出版扶持计划"项目为本丛书的多项技术实验提供了支持。重庆市科学技术委员会的"重庆影视高清技术支持平台"和"动画产业人才培训基地"成为本丛书试用平台和技术论证平台。没有这些项目和研究平台的支持，本丛书的实践内容将大大削弱，在此对有关部门表示深深的谢意。

当然更应该感谢西南大学出版社将这套教材推介给全国广大的读者和同行。在整个编撰过程中，他们的许多建议和努力促进了本丛书的完善，同时他们还为本丛书的出版做了大量烦琐的事务性工作，在此深表感谢。

前言 FOREWORD

科学技术的迅猛发展使数字游戏产业不断更新换代，进而推动着中国游戏产业的不断发展。随着改革开放的持续推进和人民生活水平的不断提高，数字游戏逐渐渗透到人们的日常生活中。国内外许多游戏开发公司开始纷纷抢占中国游戏市场，从而导致游戏人才紧缺现象的出现，它们希望有更专业的从业者加入游戏开发行列。而高校的教育也在针对这一现象进行课程设置和教学改革。

游戏人才的紧缺已经成为我国发展数字游戏产业的巨大障碍。有资料显示，国外的游戏人才培养已经形成了一套完整的教育体系，其内容包括游戏历史、游戏开发流程、游戏业界职位介绍等。在国内，市面上关于数字游戏理论的书籍较少，缺少理论与实际相结合的数字游戏专业教材，这也是本书编写的初衷。

本书直接聚焦数字游戏的概论性教学，其目的是尽量全面而系统地讲述数字游戏的相关知识。本书没有对具体的知识点展开讲解，而是站在数字游戏发展的角度，从游戏的概念、数字游戏的流变与演化开始，循序渐进地介绍数字游戏的相关内容。本书第一章介绍了游戏的概念、游戏的历史。第二章、第三章以不同的视角讲解数字游戏的流变与演化，其中包括数字游戏的表现方式、数字游戏类型等。第四章、第五章主要讲解游戏团队的构成以及游戏的制作流程所涵盖的内容，详细介绍了游戏公司的部门构成和职能划分、数字游戏制作的基本流程、数字游戏的运营模式以及营销与维护等。第六章主要从技术结构的角度讲解游戏程序、游戏引擎以及游戏开发的技术基础。

可以将本书归纳为数字游戏及概念、数字游戏的流变与演化、游戏团队与制作流程、游戏引擎与程序4个模块。笔者希望，通过阅读本书，读者能够对数字游戏的内容有一个整体的认识。

目录 | CONTENTS

第一章　游戏概述 1
1.1 游戏的起源和发展 2
1.2 游戏的定义 3
1.3 游戏的特点 5

第二章　数字游戏的流变 9
2.1 数字游戏的概念 10
2.2 数字游戏的特点 12
2.3 数字游戏的分类 13
2.4 数字游戏软件的流变 24
2.5 数字游戏产业的流变 30

第三章　数字游戏的演变趋势 37
3.1 当前游戏行业的发展现状与趋势 38
3.2 当前游戏产业的发展对本国文化输出的意义 43

第四章　游戏制作团队的构成及其职能 45
4.1 游戏制作人 46
4.2 游戏构架师 49
4.3 关卡设计师 50
4.4 游戏程序设计师 51
4.5 游戏美术设计师 52
4.6 游戏测试员 57
4.7 游戏运营师 57

第五章 数字游戏的制作流程、发行及维护 61

5.1 数字游戏制作流程的意义 62

5.2 数字游戏的制作流程 70

5.3 数字游戏的发行 78

5.4 数字游戏的维护 81

第六章 游戏开发的技术结构基础 83

6.1 游戏数学基础 84

6.2 计算机程序设计基础 86

6.3 数据结构基础 91

6.4 图形学与 3D 图形技术 95

6.5 3D API 96

6.6 网络技术 98

第七章 游戏心理学理论 103

7.1 游戏心理学概述 104

7.2 游戏心理学基础理论 109

参考文献 112

后记 112

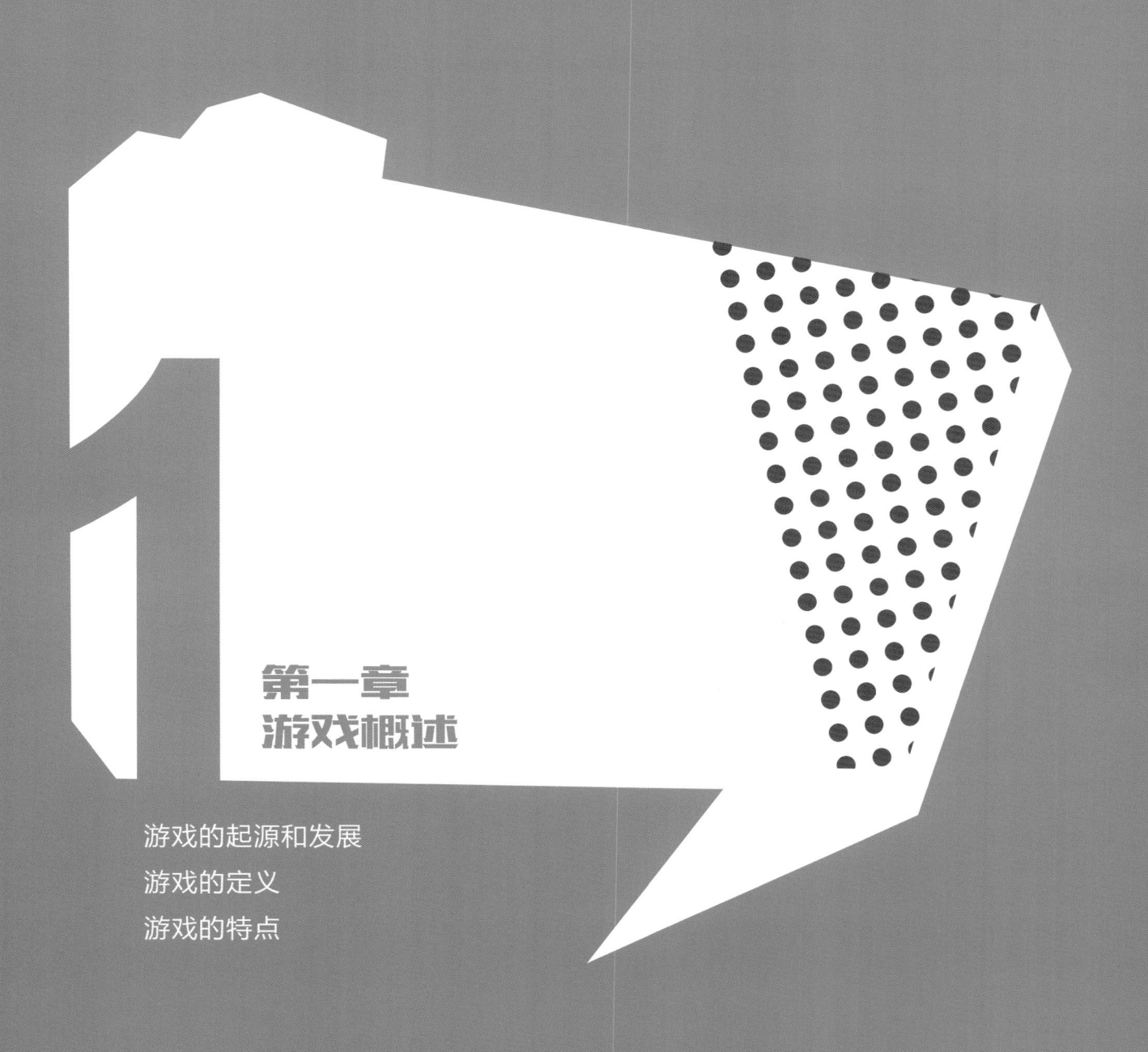

第一章
游戏概述

游戏的起源和发展
游戏的定义
游戏的特点

> **重点：**
> 本章着重讲述了游戏的概念与特点，详细分析了不同类型数字游戏的独特之处和分类依据。通过本章的学习，学生可以清晰地了解游戏的基本概念与特点，认识不同类型的数字游戏，从而对游戏有一个初步的认识，为后续深入了解数字游戏打下基础。
>
> **难点：**
> 充分认识游戏的概念与特点，并对其进行深入分析，了解不同类型数字游戏的区别，并掌握其分类依据。

1.1 游戏的起源和发展

人在成长过程中的一项重要的文化活动就是游戏，随着时间的不断推移，游戏的形式与内容也在发生着复杂的变化。

从远古时期开始，人类和动物为了生存都进行一系列本能性的活动。幼崽需要学习生存技能，使自己获得生存能力。为了捕到猎物，以满足生存需求，他们要持续地进行"游戏"。此时的游戏是为了满足生产劳动而产生的。柏拉图认为："游戏是一切幼子（动物和人）的生活和能力跳跃需要所产生的有意识的模拟活动。"（图1-1）

图1-1 远古人类本能性狩猎活动

从奴隶社会开始，随着人类社会的进步，游戏也不断发生着改变。社会生产力的不断提高，满足了人们的生存需求。这时，人类不再单纯地满足于生存需求的游戏，更加注重精神娱乐，因此游戏的范围逐步扩展到技能掌握和智力培养等方面。

近现代，国内外学者开始对"游戏"进行深入研究。德国古典哲学的创始人康德的游戏观：游戏是内在目的并因而自由的生命活动。他在《判断力批判》（图1-2）一书里说道："劳动是被迫的活动，而游戏则是与劳动相对立的自由活动。"而索尼在线娱乐的首席创意官拉夫·科斯特则认为："游戏就是在快乐中学会某种本领的活动。"康德认为艺术是"自由的游戏"，兼具艺术之美感与想象的特点，并且他还强调艺术在本质上与游戏有相似之处，从根本上摆脱了以实用与利害为目的来衡量的束缚，是发自本性的创作，而不是在强制的要求和某种利益之下进行的，应该具有自由、单纯和娱乐的特征。艺术本体的游戏说突出了艺术的无功利性，这是它最大的贡献。康德又从生理与心理方面谈论与游戏有关的内容，他提到："肉体内被促进的机能，推动内脏及横膈膜的感觉，用一句话来解释就是，健康的感觉（这感觉在没有这种机缘时是不能被察觉的）构成了娱乐。在这里人们也见到精神协助了肉体，能够成为肉体的医疗者。"因

图1-2 《判断力批判》

此，从生理方面分析，游戏本身就可以给人带来愉悦感，能够使人感到快乐，从而促进了身体的健康，康德还特别强调赌博并不属于这一范畴。康德的"精神协助肉体"的说法已经证明了游戏成为艺术这一审美特征。

如今，游戏是在现实生活的基础上二次三次创作出来的活动，其目的不再是单纯地模仿现实生活。以数字游戏中的角色扮演游戏为例，这类游戏可以创造出宏大的虚拟世界，而为了激发人们的冒险精神和探索欲望，玩家在游戏中经历的冒险旅程与现实生活是截然不同的。如暴雪公司推出的经典角色扮演游戏《暗黑破坏神》系列（图1-3），玩家可以操控五种不同职业的角色（野蛮人、女巫、法师、死灵、圣骑士）探索地下城，向暗黑征程发起挑战，体验丰富多样的游戏设置，感受史诗般瞬息万变的故事情节。玩家通过在游戏中控制角色，不断累积经验，提升自身能力，并且获得具备神秘力量的道具，协助自己完成游戏。玩家通过游戏拯救世界，成为游戏世界中的救世主，获得了极致的游戏体验，从而获得快感。

1.2 游戏的定义

广义的游戏是指人类通过借助某种媒介而获得快乐的一种娱乐活动，它有一定的模式、规则，最终会分出胜负；它是带有一定的目的性，且与人的生活紧密结合，是一种人们自愿进行的娱乐活动。古希腊哲学家亚里士多德曾说："游戏是劳作后的休息和消遣，本身不带有任何目的性的一种行为活动。"

《辞海》中阐明，游戏有"直接获得快感"和"主体参与互动"两个最基本的特征。它具有明显的目的性，是玩家通过互动而进行的娱乐活动。"游戏"在汉语中有两种常用词义。一是嬉戏。例如，在战国时期韩非的《韩非子·难三》一文中出现的"游戏饮食"一词就有"玩耍、嬉戏"之意；二是一种娱乐活动。例如，在酒文化盛行的中国，"行酒令"常作为筵席上助兴取乐的饮酒游戏（图1-4），早在西周时期它就以一种五花八门的娱乐形式在士大夫间风行。在《美国传统词典》中，"游戏（Game）"有两种常用词义：一是提供娱乐或消遣的活动；二是体育、竞争性运动。

纵观整个人类游戏的发展历史，我们可将五花八门的游戏形式分为运动型游戏、智力游戏。随着科技的发展，数字游戏开始登上了历史舞台。

图1-3《暗黑破坏神》

图1-4 "行酒令"酒筹

1.2.1 运动型游戏

运动型游戏主要以体育竞技类为代表，需要在一定规模的场地上进行，其特点是凭借力量、速度与身体协调能力来完成任务。它通常能够提高玩家身体的协调能力和快速反应能力。绝大部分运动型游戏都是源于民间游戏，是对民间游戏的不断完善和再设计。在中国古代就有很多运动型游戏，比如蹴鞠（图1-5）、马球（史称"击鞠"）、斗鸡、"倒包子"等。发展到今天，现代的足球、赛车和各类运动比赛等都归于此类。运动型游戏具有一定的规则，需要耗费一定的体力，通过游戏玩家能够强身健体、陶冶心性、娱乐身心，因此运动型游戏受到广泛喜爱。同样运动型游戏在数字游戏领域发展得十分迅速，在许多数字游戏平台上，都可以看到体育竞技类游戏的身影，越来越多的人可以更加便捷地体验到运动型游戏的乐趣。

图1-5 蹴鞠

1.2.2 智力游戏

智力游戏指注重逻辑分析的游戏，主要以小型游戏为主，以桌面棋牌游戏为例，其特点是通过一定的逻辑、数学、化学甚至是自己设定的原则来完成任务。该类型游戏通常以纯粹质朴的游戏形式锻炼玩家的脑、眼、手等的配合能力，以增强玩家的逻辑分析能力和思维的敏捷性，使玩家获得愉悦的游戏体验。这是人类历史上一种更高级的游戏形式，具有较强的娱乐性。其规则具有简单易学的特点，非常适合在亲友聚会时玩耍。比如：麻将、围棋（图1-6），以及德州扑克、三国杀（图1-7）之类的桌游。

图1-6 围棋

自公元七世纪起，智力游戏就已经开始盛行，经典的智力游戏恰图兰卡（Chaturanga）（图1-8）是国际象棋（西洋棋）的始祖，也是现代这类象棋的共同祖先，是一款值得尝试的游戏。恰图兰卡以其复杂性和极强的对抗性受到人们的广泛喜爱。后来的国际象棋继承和发扬了这些优点，逐渐成为世界上最流行的游戏之一，被誉为"游戏之王"，世界各地数以百万计的人在家庭聚会、朋友聚会等场合以比赛的形式进行游戏。这款桌面游戏的道具非常完备，棋子、棋盘一应俱全，而其精美的制作工艺更受到人们的称赞。

图1-7 三国杀

如今，智力游戏在数字游戏领域也十分盛行，将传统的智力游戏移植到电子设备中，玩家体验起来更加便捷，甚至可以与世界各地的人们一起玩耍，跨越空间了的界限。

图1-8 恰图兰卡

1.2.3 数字游戏

数字游戏是指以电子设备为平台的交互游戏，其特点是利用视频、音频技术为玩家创设一个"虚拟的真实"（Virtual Reality）环境，设置相应的规则、障碍以供玩家游戏，使玩家在游戏中获得成就感。数字游戏是大数据时代下的虚拟艺术，早期以卡带（图1-9）、CD（图1-10）等

图1-9 卡带

图 1-10 CD

图 1-11 FIFA

图 1-12《跑跑卡丁车》

图 1-13《大富翁》

为载体，现在多为网络下载。按照不同媒介对其进行划分，主要有电脑游戏、主机游戏、掌机游戏、街机游戏、移动游戏（手机游戏为主）。

数字游戏可以实现传统游戏的一切要素理论，能弥补运动型游戏和智力游戏在交互与抽象模拟方面的缺陷，因此，大量的运动型游戏和智力游戏都开发了与之对应的数字游戏，比如著名的足球游戏FIFA（图1-11）、赛车竞技游戏《跑跑卡丁车》（图1-12）、棋牌游戏《大富翁》（图1-13）等。通过数字游戏平台，玩家能够体验到平时比较难体验到的运动型游戏，例如射击、骑马等，玩家可以通过使用摇杆、方向盘等游戏机配件来模拟真实的操作，增强游戏的运动效果。到目前为止，数字游戏是人类历史上最复杂、最先进、综合性最强的游戏形式，综合了自然科学、人文科学与社会科学的技术与知识。通过加入多项游戏机制，数字游戏的类型变得越来越丰富，可玩性大大增强，越来越多的玩家开始接受数字游戏，并乐在其中。随着现代电子计算机技术的发展，数字游戏作为一种全新的游戏形式，已经成为当今社会最受玩家欢迎的游戏类型。2017年国际奥委会官方宣布，认证电子竞技（Esport）为正式的体育项目，未来电子竞技比赛项目有望出现在奥运赛场上。

1.3 游戏的特点

1.3.1 广义游戏的特点

游戏一直以不同的形式存在着，从出现至今已有数千年的历史，但是游戏的基本特征从来没有改变过，无论是运动型游戏、智力游戏，还是数字游戏，它们都具有以下特点：

1. 兴趣性

兴趣能推动人类认识事物、探索真理，能激发人去从事某种活动。兴趣性也称为"愉悦性"，它能使人对事物抱有积极主动的态度，并产生愉快的情绪。例如，孩子们跳皮筋时追求的是游戏过程中愉悦的体验，虽然这项活动会耗费大量的体力，但是他们仍乐此不疲。

2. 互动性

互动是指社会中人与人之间通过语言或其他手段传播信息而产生的行为过程。互动性是游戏最显著的特点，也是当前数字游戏最大的卖点。传统游戏中的互动性体现在人与人直接面对面的互动，例如"过家家"（图1-14）、"丢手绢"这类游戏。随着互联网的普及，数字游戏使玩家可以不受时间、地点限制，随时参与游戏，不仅实现了人机操作上的互动，也实现了玩家与玩家之间的远程互动。

5

图 1-14 儿童游戏"过家家"

图 1-15 射击类游戏

图 1-16 《极品飞车》

图 1-17 《炉石传说》

3. 抽象性

抽象是决定事物性质的概念，事物的性质会随着抽象概念的改变而改变。抽象是逻辑性思维的一种特性，是指从众多的事物中抽取共同的、本质性的特征，而舍弃其非本质的、个别的特征。例如玩家在游戏主机上进行游戏时，会记住游戏手柄的操作方法，当切换到另外一款游戏时，仍然可以用熟悉的操作进行游戏；又或者玩家在结束一款射击类游戏之后仍可以轻松地玩儿其他的射击类游戏（图1-15）。

4. 秩序性

秩序是指各种事物和对象的组成要素、相互关系、结构功能及它们的发展演变规律是确定的，具有一定的规则。游戏中的秩序性体现在游戏的公平性上，为了使游戏公平、流畅地进行，每个游戏都会制定一套公平性原则、有基础构架的游戏规则或者游戏机制。游戏规则的制定可以从性质上分为两种类型：一种是竞赛性质的游戏规则。通常在游戏中激励机制产生的效应，可以促使玩家更积极主动地投身于游戏活动。例如赛车竞技类游戏《极品飞车》（图1-16）、卡牌类游戏《炉石传说》（图1-17）等。另一种是非竞赛性质的游戏规则，同样能产生激励机制的效应，这种性质的游戏通常以假想的情景吸引玩家。

5. 模拟性

模拟是指对真实事物或者过程进行虚拟仿真，通过数字手段重新将现实环境还原于相应的数字设备中，以再现现实或构建虚拟的真实为目标的一种形式。模拟最初只用于物理、工程、医学、空间技术等方面，随着硬件技术的发展，游戏也逐渐具有模拟的特性，游戏中的模拟性是对真实情景与假想情景进行转换，一般表现为虚拟现实。玩家可以在游戏中体验到现实生活中无法实现的情景，例如在《模拟人生》（图1-18）游戏中，玩家可以发挥个人抽象思维对自己的人生进行规划，实现个人愿望。

图1-18 《模拟人生》

1.3.2 数字游戏的特点

1. 核心机制

核心机制即规则，游戏规则是游戏能顺利进行的基本条件。相较于传统游戏简单明了的游戏规则，数字游戏的核心机制更加复杂，其中包括游戏世界观、基本运作方式、操作方法等。核心机制是游戏的心脏，一款优秀的游戏必须有完备的核心机制，这在一定程度上也体现了游戏的平衡性与公平性。

2. 交互性

数字游戏的交互性与广义游戏的互动性不能一概而论，数字游戏中的交互性主要是指人机交互与人人交互或多个互动的个体之间交流的内容和结构，它们互相配合，共同达成某种目的。随着计算机技术的飞速发展，数字游戏的核心与特点就在于广泛而丰富的交互性。在数字游戏中，交互性不仅涉及系统向玩家传达的内容和方式，也涉及玩家向系统传递信息。在这种相互的信息传送下，玩家能够获得关于图像、声音、动画等方面的视听体验，最终实现极强的沉浸体验。

3. 游戏性

游戏性也称可玩性，它能体现出游戏的交互性特点。在《游戏性的焦点》一书中游戏性泛指"游戏的玩法"或者"游戏"。游戏性不仅仅是连接玩家和游戏乐趣的桥梁，还是玩家对于游戏的一种精神感受，是衡量一款游戏成功与否的基本条件。为了使玩家更好地沉浸在以娱乐为目的的游戏虚拟情境中，游戏的游戏性是必不可少的。游戏中的内容、情节、主题风格等是决定一款游戏是否更具游戏性、更加新颖有趣、有吸引力、有挑战性的重要内容。

4. 故事性

故事性是数字游戏独有的特征，游戏的故事性泛指游戏的世界观、背景以及剧情的发展，通过加入历史典故、科幻元素、灵异现象等内容来完善游戏的故事情节。游戏的故事性存在于每一款游戏中，是游戏不可或缺的组成部分。它包括游戏中所呈现的世界观构架、叙事方法、游戏剧情、环境细节、人物设定等，并非仅局限于故事本身。少数抽象游戏如《俄罗斯方块》（图1-19）、《连连看》（图1-20）依旧有它的故事，其中的故事不是预先设定好的，而是表现为游戏玩家进行游戏的亲身经历。

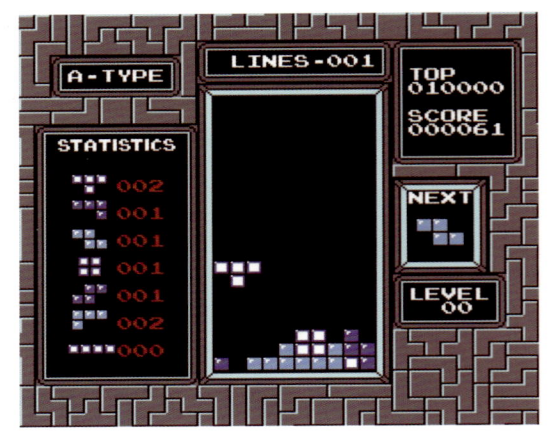

图1-19《俄罗斯方块》

图1-20《连连看》

教学导引

小结：

本章对游戏的基本概念进行了论述。通过本章的学习，学生可以对游戏的定义以及不同游戏类型的特点有一个全面的了解。

课后练习：

列举一款已经上市的数字游戏，从游戏的定义与特点入手，分析它与同类型传统游戏的不同之处以及优势所在（游戏机制、交互方式、硬件设备等）。

第二章
数字游戏的流变

数字游戏的概念
数字游戏的特点
数字游戏的分类
数字游戏软件的流变
数字游戏产业的流变

重点：
　　本章着重讲述了数字游戏的概念和特点，以及数字游戏在不同时期、不同地区的流变。根据这个发展规律，预测未来数字游戏的发展方向。通过本章的学习，学生可以清晰地了解数字游戏的主要特点与流变的基本过程，以及数字游戏产业的发展方向。

难点：
　　能够正确认识在不同历史时期和不同地区背景下数字游戏的特点；通过梳理数字游戏的流变演化过程，深入客观地了解数字游戏的古往今来。

2.1 数字游戏的概念

　　人类自诞生以来，游戏就开始出现并一直伴随着历史前进的步伐而不断发展。生物之间的追逐打闹及人类创造的规则活动，如象棋、桥牌甚至各种运动，都可以看作是游戏行为。

　　游戏是一种以娱乐为目的的活动，是由人主动参与的有目的性、规则性、多样性的竞争类活动。游戏能够体现人类的共同经验与自由平等的精神。20世纪30年代，著名的科学家、计算机之父约翰·冯·诺依曼（John von Neumann）提出了计算机的体系结构，为计算机技术的发展打下了坚实的基础。1946年，世界上第一台电子计算机诞生，随后电子技术开始迅猛发展，数字游戏也开始相继出现。计算机等电子设备成为游戏的新媒介，一些传统游戏方式逐渐被数字游戏所取代。与传统游戏相比，数字游戏有其独特的魅力，具有以下四大特征：

　　第一，数字游戏拓展了游戏的种类，游戏类型多种多样。第二，玩家需要通过电子设备辅助体验游戏。第三，数字游戏强调对脚本的应用。第四，数字游戏创造了虚拟环境，具有极强的沉浸感，使玩家能够长时间进行游戏。从以上特征可以看出，玩家能够借助计算机等电子设备进行游戏，而以计算机等电子设备为平台、通过使用数字技术开发的游戏被称为"数字游戏"。

　　按照平台分类，"数字游戏"可分为大型游戏机游戏、电视游戏、便携式掌机游戏、手机游戏、VR技术游戏。

　　从"数字游戏"发展的历史可以看出，在大型游戏机时代，经济大萧条时期博彩业在世界各地非常兴旺，因此许多投币式的游戏机受到了大众的欢迎。美国在20世纪30年代兴起了对抗性的模拟游戏，许多大型游戏机相继出现在公共娱乐场所中，其中最受欢迎的游戏类型有模拟枪战类游戏、体育竞技类游戏等。大型游戏机就是一台拥有完整外接设备的娱乐机器，玩家可以通过手柄、按钮、方向盘等外接设备来操控游戏。玩家在使用大型游戏机进行游戏时，会产生身临其境的感受，其声光效果是其他游戏平台无法超越的。但它也有局限性，每台游戏机只能运行一款游戏，内容单调且缺乏趣味性。

　　随着全球电子科技的不断进步，计算机技术逐渐渗透到各个领域。1972年，世界上第一款电视游戏机——奥德赛家用游戏主机在市场上出现，这是世界上最早的游戏主机。在奥德赛家用游戏主机上出现的第一款名为"Pong"的乒乓球游戏，它也是世界上第一款数字游戏。随后，Pong迅速风靡全美，制作这款游戏的雅达利公司因此成为最大的受益者，占据了当时数字游戏市场的主导地位，成为时代的先驱者。随后，雅达利公司自主研发了Pong家庭版游戏机，其体积比奥德赛游戏主机更小，在色彩及音效等方面也更具优势。在1979年至1982年，短短三年间，雅达利公司创下10亿美元的收入记录，带动了整个游戏行业的发展，雅达利2600型游戏机，占据了整个游戏机市场44%的份额，一度成为家用电视游戏机的代名词。

然而好景不长，1982年美国政府对当时游戏硬件和软件生产商雅达利实施了"数量压倒质量"的游戏发行政策，在1982年一年时间里美国游戏市场就出现了近万款游戏，大量低品质且内容重复的游戏充斥其中，最终导致了游戏市场大崩溃。在自此之后的四年时间里，美国的游戏市场一蹶不振，出现大规模萎缩。美国由此进入了雅达利大崩溃时期。雅达利大崩溃后，日本任天堂公司冷静分析其崩盘的原因，在任天堂的拳头产品"红白机"上建立了"权利金制度"来控制游戏软件的质量，此后任天堂公司统治全球游戏业20年，而任天堂也成为电玩游戏的代名词。2003年7月是任天堂"红白机"发售的第二十周年，从1983年到2003年，任天堂游戏主机全球累计销售6200万台。以下是任天堂"红白机"经典游戏：《超级马力欧兄弟》（图2-1）、《赤色要塞》、《绿色兵团》、《小蜜蜂》、《冒险岛》、《彩虹岛》（图2-2）、《松鼠大战》、《双截龙》。

所有的电子设备都经历了一个非常奇妙的由大变小的过程。世界上第一台计算机重量约为30吨，操作起来复杂烦琐，随着科技的进步，小型化的计算机出现了，随后又出现了笔记本、掌上电脑等小型电子设备。而游戏机也在不断地发生着这样的改变，从大型游戏机到家用主机，人们希望能够更加便捷地体验到游戏带来的乐趣，于是1976年第一台便携式游戏掌机Mattel Auto Race诞生了，它是将LED技术应用到便携式掌机的开创者。

计算机出现后，数字游戏开始迅速发展。电子科技的不断发展、计算机硬件技术的不断提高为游戏行业的发展提供了良好的条件。随后全新的游戏产业模式出现了，人们可以通过计算机技术充分发挥自己的想象，实现自己的想法，而良好的技术支撑能够为玩家营造一个更加真实的游戏世界，因此电脑游戏成为当下游戏产业的主导。作为游戏产业中强有力的载体与坚实的后盾，计算机使游戏行业进入了一个全新的发展阶段。《魔兽争霸》、《古墓丽

图 2-1《超级马力欧兄弟》

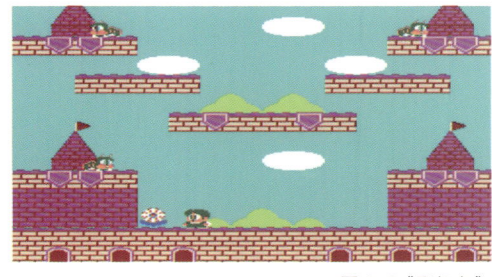

图 2-2《彩虹岛》

影》、《星际争霸2：虚空之遗》（图2-3）、《侠盗猎车手》、《英雄联盟》（图2-4）等都是电脑游戏的经典之作。

如今，科学技术越来越发达，手机成为人们日常生活中不可缺少的一部分。20世纪80年代，手机游戏开始进入人们的视野。当时的手机游戏还属于嵌入式游戏，即将游戏程序预先固定在手机芯片中，因此游戏种类非常少，《贪吃蛇》《俄罗斯方块》就属于经典的嵌入式游戏。现在，手机已经由原来的通信工具变成了集多功能于一身的便携电子设备。使用手机进行游戏，是一个颠覆性的创新，手机时代是"数字游戏"发展的又一个高峰。2015年，全球手机游戏产业规模达到168.56亿美元，其发展速度之快以及发展规模之大令人瞠目结舌，未来的潜力不容小觑。《我叫MT》、《部落冲突》（图2-5）、《愤怒的小鸟》、《植物大战僵尸》（图2-6）等是手机游戏的经典之作。

总之，数字游戏的媒介基础建设采用了信息运算的数字化技术，无论发生什么样的变化，发展到何种境界，其原理不变。数字游戏的本质是给人们带来快乐。

2.2 数字游戏的特点

数字游戏是游戏改革上的一个关键的转折点，它在内容和机制上改变了传统游戏的运作方式。相较于传统游戏，数字游戏种类繁多、内容丰富、人机交互性强，更具有较强的竞争力。近几十年来，数字游戏依靠快速、便捷、趣味性强等特点得到迅猛发展，其地位和影响已经远远超越传统游戏，这体现在娱乐生活中的点点滴滴，数字游戏在游戏市场中已经占据主导地位，成为游戏产业中的领头羊。未来，数字游戏仍然会继续保持这个优势，并不断地优化改进，不断升级。

数字游戏与传统游戏相比，主要有以下四个方面的特点：

图2-3《星际争霸2：虚空之遗》

图2-4《英雄联盟》

图2-5《部落冲突》

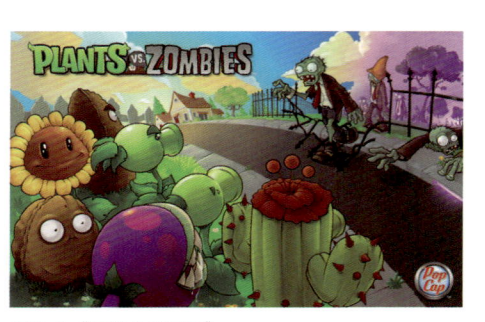

图2-6《植物大战僵尸》

2.2.1 载体的变化和交互方式的变化

首先，数字游戏载体发生了巨大的变化，它打破了传统的游戏方式。电脑、手机、掌机等电子设备成为运动、跳绳等体能游戏和象棋、扑克牌等实体游戏的载体，数字游戏的载体可以产生各式各样的变化，不再有局限性、单一性，可以通过各种方式进行游戏。数字游戏的交互方式变得丰富起来，可以人机交互、人机人三项交互。人机交互改变了传统人与人之间的沟通方式，使人与机器产生了联系，生命体与非生命体发生了沟通，而人机人三项交互方式则拓宽了人的社交网络，使人们可以通过网络等媒介与世界各地的陌生人进行交流。

2.2.2 游戏机制更加丰富，趣味性更加浓厚

构成游戏核心部分的游戏规则、流程，即游戏机制。传统游戏的游戏机制较为单一、枯燥，例如跳皮筋、踢毽子、丢手绢等游戏的核心玩法只有一种，长时间游戏玩家会感到疲惫。而数字游戏的游戏机制更为复杂、丰富，在数字游戏中可以同时存在多种游戏机制，例如人物机制、场景机制、战斗机制以及升级机制等，因此数字游戏的代入感以及延续性更强，使玩家乐此不疲。

2.2.3. 具有更强的沉浸感

传统游戏沉浸方式简单，大多数是竞技类游戏，长时间游戏会使玩家消耗大量精力，使之疲惫不堪。而数字游戏最明显的优势在于玩家不需要消耗大量体力，更多的是脑力运动。数字游戏丰富的游戏内容使玩家沉浸感增强，能够使其在不知不觉中投入大量的时间，对时间的感受力变弱，时常久坐不起。

2.2.4. 具有高模拟性

电子技术的进步使数字游戏可以模仿各种现实生活中的物件，并且还原度极高，可以实现再现虚拟现实。数字游戏中的经营类游戏，如城市、村庄能够一比一还原真实场景，其他竞技类游戏也具有高模拟性，可以模拟格斗、战争等。例如《猎杀潜航》（图2-7）这款游戏中的潜艇，就是完全模拟真实的潜艇构造，而《坦克世界》（图2-8）这款游戏则是模拟真实坦克的机制作战。

2.3 数字游戏的分类

经过几十年的发展，数字游戏硬件技术已经发展得比较完善，数字游戏设备的功能变得更加强大，在以下四个方面尤为突出：计算能力更加强大、画面质量更加精美、操作更加灵活、设计更加人性化。在传统的游戏设备——家用游戏主机、街机、便携式掌机、电脑以及手机高速发展的同时，也出现了新的数字游戏硬件设备——VR设备和全息投影设备。它们的出现使游戏模式发生了巨大的改变，是游戏发展史上重要的转折点，促进了新的游戏模式的出现。硬件设备的发展和提高促进了游戏软件的发展和升级，为众多软件的实施提供了可能。编程语言的模块化，可直接使用游戏基础代码编写，游戏编程变得更加便捷。同时，游

图 2-7 《猎杀潜航》 　　　　　　　　　　　　　　图 2-8 《坦克世界》

戏引擎也不断更新换代，游戏制作过程变得更简捷，画面更精美，仿真度更高。游戏引擎不断地演化升级促使种类更多、质量更高的游戏的诞生，游戏市场开始变得有序。

游戏运行平台的不断升级和创新，使游戏种类、数量不断增多，游戏模式不断丰富。为了方便玩家在众多游戏中找到自己喜欢的游戏类型，同时规范游戏市场的秩序，人们根据游戏的运行平台、表现方式以及内容和风格对游戏类型进行了划分。游戏类型的划分不是绝对的，一款游戏可能满足多个分类的要求，我们可以按照所需游戏类型进行选择，并且还可以对某一游戏类型进一步细化分类。数字游戏的分类，一方面规范了游戏市场的秩序，明确了游戏的研发方向；另一方面为玩家提供了便利，对整个游戏产业的发展起到了促进作用。

2.3.1 按游戏表现方式分类

早期数字游戏表现方式比较简单，图形技术相对落后。早期的2D游戏，D是Dimension（维）的缩写，主要为粗糙的二维动画。随着计算机硬件设备的不断升级，以及游戏显卡的出现，游戏画面变得更加丰富，颜色更加艳丽，同时游戏的表现方式也发生了变化。但当时3D技术不够成熟，于是出现了接近3D动画效果的2.5D效果游戏。随着3D加速器和3D绘图引擎的问世，三维动画开始得到发展，1996年第一款真正的3D游戏《雷神之锤》问世，确定了3D游戏的基本特征。但是数字游戏的表现方式不仅止步于三维动画，未来多维度的研发，会将数字游戏带向更高的层次。

数字游戏按游戏表现方式可分为2D图形游戏（2D游戏）、2.5D图形游戏（2.5D游戏）、3D图形游戏（3D游戏）、多维度游戏四种。

1. 2D 游戏

2D游戏是指在二维空间中运行的游戏，其最大的特点是游戏运行在X轴和Y轴所组成的平面上，不存在立体的Z轴，图形元素是以平面的形式展示。在2D游戏中，游戏画面采用贴图绘画拼接而成，游戏角色和场景是两个单独的平面元素，拼接组合在一起合成游戏画面。2D游戏动画是以一帧一图的形式预先设定好的，因此玩家不能旋转视角观察游戏物体和角色。大量的2D游戏都是通过绘制准确的光影造型实现平面图形的立体感，追求游戏画面的真实感。但2D游戏是依托二维平面进行立体造型，玩家无法自由旋转视角观察游戏画面，达不到真正的3D效果。

《传奇》、《拳皇》、《合金弹头》（图2-9）、《侍魂》（图2-10）、《冒险岛》等是经典的2D游戏。

2. 2.5D 游戏

2.5D游戏是相对于2D游戏和3D游戏而言的，利用2D的sprite来模拟3D。2.5D游戏是结合了3D与2D图形技术，相对于2D和3D游戏而言，2.5D游戏是2D游戏转变成3D游戏过程中所产生的过渡产物。2.5D数字游戏是多边形技术未成熟或游戏主机硬件不足以支撑3D效果，未能达到真正3D效果时产生的数字游戏类型。从游戏画面效果呈现上分析，2.5D游戏仅部分采用多边形技术，不能完全地自由旋转视角来观察角色，并非真正意义上的立体游戏。

《斗战神》（图2-11）、《暗黑破坏神》、《天龙八部》、《最终幻想》、《英雄联盟》、《红色警戒》（图2-12）、《荣誉勋章：血战太平洋》等是2.5D游戏的经典之作。

3. 3D 游戏

3D游戏是使用空间立体计算技术实现操作的游戏。从编程实现角度解释，使用三维立体模型实现的游戏基础模型（人物、场景、地形），使用空间是在立体编程算法实现的游戏人物角色控制，这种游戏就称作3D游戏。

3D游戏与2D和2.5D游戏相比空间立体感更加强烈，游戏画面是在X轴、Y轴、Z轴上所组成的全三维立体空间，玩家在游戏中可感受到游戏角色在三维空间中的长宽高三种度量。在3D游戏中，游戏玩家的体验感更强，其原因是可自由旋转视角观察游戏角色和画面，游戏更加真实，随意性更强。3D游戏图形元素是通过3D建模再配合平面贴图制作的，游戏的动画是由贴图后的3D模型组成游戏世界，游戏设计师再根据要求设定模型的运动方式和运行轨迹并安排虚拟摄影机视角。但是从游戏画面的精致程度来说，3D游戏相对2D游戏在精细度以及丰富度上的处理不太理想。

图2-9《合金弹头》

图2-10《侍魂》

图 2-11 《斗战神》　　　　　　　　　　　　图 2-12 《红色警戒》

　　计算机要迅速处理大量的游戏数据，才能保证3D游戏的完美运行，因此3D游戏不仅需要强大的CPU，对显卡的运算速度和内存容量也有很高的要求。3D游戏的运行离不开独立显卡，独立显卡拥有GPU（图形处理器），可以更好地处理游戏图形，其具有独立的内存，处理游戏时不需要占用电脑的内存，因此它相对于集成显卡而言能够更好地呈现游戏效果，以保证3D游戏的完美运行。因此，性能强大的CPU、大内存、独立显卡、高清的显示器成为运行3D游戏的计算机的标配。

　　目前，游戏产业的主流游戏类型是3D游戏，大量游戏都在追求游戏画面的真实度，打造虚拟现实，给玩家带来身临其境般的游戏体验，未来3D游戏还有很大的发展空间。目前，3D游戏在研发制作以及运行时都需要进行大量的计算，对计算机硬件的要求较高，不仅需要开发商升级硬件设备来制作3D游戏，也需要玩家配备高配置电脑来运行游戏，这在一定程度上阻碍了3D游戏的发展。

　　《半条命》、《使命召唤》（图2-13）、《特种部队》、《杀手47》、《毁灭战士4》、《杀戮空间2》、《守望先锋》（图2-14）、《战地之王》、《孤岛惊魂》、《荣誉勋章》、《幽灵行动》等是经典第一人称3D游戏。

　　《魔兽世界》、《永恒之塔》、《剑灵》、《最终幻想》、《战舰世界》、《坦克世界》（图2-15）、《哥特王朝4》、《刺客信条》、《龙之谷》（图2-16）等是经典第三人称3D游戏。

4. 多维度游戏（含体感游戏，以及大脑操控的未来游戏）

　　"维"是一种度量，目前人类对维度的认知只停留在三维空间，对四维空间的认识处于理论推测阶段，所以四维空间游戏属于未来游戏，人们寄希望于科技的发展，以此突破时间和空间的限制。未来游戏发展的一个重要方向就是借助体感游戏和大脑操控游戏使玩家处在三维空间与时空相互结合的虚拟场景当中。

　　大脑操控游戏是通过硬件设备将脑电波指令传达到游戏画面中。2009年，一款名为Project Epoc的大脑感应游戏控制系统出现在游戏市场中。该控制系统头盔佩戴在人的头上，根据人大脑对身体发出的指令来控制游戏人物，但是该项技术目前并不能完全由大脑来控制游戏角色的动作，还需要肢体动作来协作完成。大脑操控游戏的技术正在迅速发展，众多游戏公司都在研发该项技术，虽然还不成熟，但是该技术将成为新时代游戏发展的主流。（图2-17）

　　体感游戏、大脑操控游戏是未来游戏的两个发展方向，也是实现多维度游戏的突破口，虽然还不能满足真正的四维空间游戏的要求，但是这两种游戏正在不断发展，当体感与大脑能完全地操控游戏时，人类的数字游戏将进入新纪元。

2.3.2 按游戏内容和风格分类

目前,最常见的数字游戏的分类方式是按照游戏内容和风格分类。直接概括出游戏的内容和风格,使玩家选择游戏的方向更加明确。按照游戏内容和风格可分为角色扮演、即时战略、动作、冒险、模拟、运动竞技等类型。

1. 角色扮演类游戏

角色扮演类游戏(Role-playing Game,简称RPG)以完整的世界观和故事背景作为支撑,玩家通过操控游戏中具有故事背景的角色进行游戏。角色扮演类游戏是电脑游戏和数字游戏中最常见的游戏类型,在游戏中玩家可以创建全新的游戏角色,以体验角色不平凡的人生经历。在游戏世界里,玩家可以通过操控英雄、将军、帝王、武士、刺客等自己喜欢的游戏角色,以满足自己的精神需求。角色扮演类游戏情感世界较为丰富,故事背景较为完善,人物和游戏世界有着各种千丝万缕的关系,因此进行游戏时如同读一本小说,沉溺感较强。许多角色扮演类游戏都是以小说和影视作品为故事背景制作而成,使玩家能够在角色扮演类游戏的虚拟人生中感受到属于自己的英雄时刻和得意人生。

角色扮演类游戏重要的构成元素有:故事情节、游戏战斗、角色升级、装备道具收集等。游戏中构建的虚拟世界包括独特的游戏角色、升级模式、战斗系统、技能、地图,玩家控制的角色需要不断接受主线任务或支线任务,即进行打怪或者游走地图完成任务进行升级,获得材料升级装备或购买自己需要的物品完成主线任务,不断提高角色的等级。

《仙剑奇侠传》(图2-18)、《最终幻想》(图2-19)、《哥特王朝》、《刺客信条》、《梦幻西游》、《完美世界》、《骑马与砍杀》、《光之子》、《创世纪》、《龙腾世纪》、《暗黑破坏神》等是经典的角色扮演类游戏。

图 2-13《使命召唤》

图 2-14《守望先锋》

图 2-15《坦克世界》

图 2-16《龙之谷》

2. 即时战略类游戏

即时战略类游戏（Real-Time Strategy Game，简称RTS）是指在战略元素非回合制情况下即时进行的战争游戏。这类游戏中，通常玩家在所有初始资源相等的情况下，利用农民或工兵快速建设基础设施，侦测并采集各种所需资源，资源可升级主要建筑物，研发科技，制造军事基地等，最终杀死敌方主角或摧毁关键建筑物取得胜利。游戏中地形和气候对玩家有一定的影响，不同地图的资源种类、数量不同，不同地形的矿产不同，并且海陆分布也存在差异，军事发展也应进行相应调整，在即时战略类游戏中地图上的每一个元素对游戏的发展都有着重要影响。

相比回合制战略游戏，即时战略类游戏节奏更快，战术基本相同，上手难度低，游戏时间更短，更加适合多人联机对战。游戏中玩家同时发展多个游戏基地，短时间内达到最高军事科技，这是取得游戏胜利的一个重要条件，这需要玩家在游戏中有宏观控制能力和快速反应能力。玩家在游戏中扮演领导角色，宏观操控游戏战场，调兵遣将，玩家能在游戏中感受到不平凡的人生，满足玩家驰骋沙场、成为具有雄才大略的英雄人物的欲望，同时获得刺激的游戏体验。但是即时战略类游戏在平衡性和多样性上还存在一定的问题，在获取资源、兵种相克等方面需要进一步平衡关系，多样性方面需要改进多种游戏元素结合产生的不同结果以及地形气候等元素对游戏的影响。

《沙丘魔堡》（图2-20）、《魔兽争霸》（图2-21）、《国家的崛起》、《要塞》、《红色警戒》（图2-22）、《命令与征服》、《帝国时代》（图2-23）、《罗马霸权：凯撒的崛起》、《中世纪2：全面战争》、《权力的游戏：创世纪》等是即时战略类游戏经典之作。

3. 冒险类游戏

冒险类游戏（Adventure Game，简称AVG）是玩家通过某一线索控制游戏角色进行探索历险的游戏。这类游戏会在游戏开始时给出固定的情节或不完整的故事背景，需要玩家根据仅有的线索完成任务。玩家要在危险中分析和解开游戏谜底才能获得另一条游戏线索。这类游戏场景氛围营造得十分生动，通常会出现未知的生物和陌生的环境。游戏强调探险、解谜，弱化了格斗和动作的环节，并且游戏角色一般不会升级，本身的技能属性也是固定的。该游戏玩家要拥有一定的观察能力和分析能力，才能发现任务线索。

早期的冒险类游戏，游戏方式单一、剧情简单，凭借简单的文字叙述和图片展现游戏内容，主要是为了锻炼玩家的分析推理能力。大量的推理小说、惊险小说、侦探小说都成了冒险类游戏的题材。随着数字游戏的不断发展，冒险类游戏的故事情节越来越丰富，充满悬疑，游戏内容更加饱满，游戏更加惊险，还加入了动作、射击、运动等游戏元素，增加了游戏的趣味性、刺激性和吸引力，获得了众多玩家的支持。

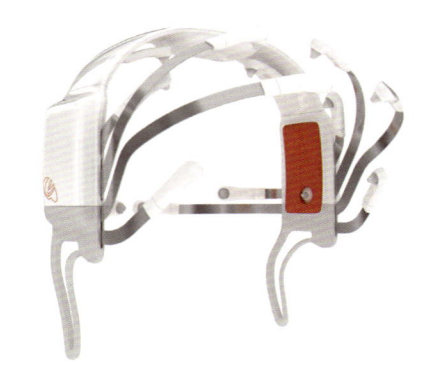

图2-17

图2-18《仙剑奇侠传》

图 2-19 《最终幻想》

图 2-20 《沙丘魔堡》

图 2-21 《魔兽争霸》

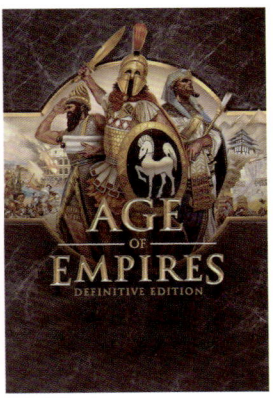

图 2-22 《红色警戒》

图 3-23 《帝国时代》

  冒险类游戏的代表作品有：《真·三国无双》（图2-24）、《寂静岭》、《荒岛求生》、《表面》、《生化危机》（图2-25）、《古墓丽影》、《残酷谎言》、《谜画之塔》、《幽魂旅店》、《森林》等。

19

图2-24 《真·三国无双》　　　　　　　　　　图2-25《生化危机》游戏截图

4. 动作类游戏

动作类游戏（Action Game，简称ACT）是指玩家通过使用计算机控制游戏角色做出的"动作"作为游戏主要表现形式的游戏。动作类游戏的主要模式是玩家通过控制游戏角色，以格斗、射击等动作方式消灭敌人完成任务。动作类游戏简化了故事情节，"动作"为主要表现形式，游戏节奏快、时间短、声光效果丰富，给玩家带来一种爽快、潇洒的游戏体验，可以让玩家缓解压力，发泄情绪。动作类游戏要求玩家具备较好的反应能力和手眼协调能力。在21世纪以前，动作类游戏在单机游戏中占绝对的统治地位。

早期动作类游戏主要是平台动作和卷轴动作，平台动作游戏是指游戏角色处在高度不等的平台上需要上下跳动攻击敌人，早期的家用游戏机的动作类游戏多采用平台动作，如《超级马力欧兄弟》（图2-26）就是一款经典的平台游戏。卷轴动作游戏，也被称为清版过关型游戏，玩家所控制的角色必须消灭所有敌人才能过关，游戏背景类似滚动的卷轴，每过一关卷轴滚动一次，早期街机动作类游戏都是采用卷轴动作类，目前手机游戏中的动作游戏很多也采用该种类型。卷轴动作游戏的剧情单一，只需依靠游戏熟练度即可通关，如手游版《火影忍者》就属于这类游戏（图2-27）。如今动作类游戏加入了大量的新鲜元素，内容丰富多样，故事更加完整，动作操控更加自由。游戏模式也不断完善，升级本能属性，合成武器装备，学习特殊技能等新模式被加入到动作类游戏当中。除了内容丰富、动作炫酷夸张的新型动作游戏外，更加注重动作技巧的格斗游戏也属于动作类游戏。

动作类游戏的代表作品有：《真·三国无双》、《古墓丽影》（图2-28）、《暗黑血统》、《战神》、《忍者之刃》、《火影忍者：究极风暴》系列、《虐杀原形》、《三国战记》、《合金弹头》、《怪物猎人》系列（图2-29）等。

5. 格斗类游戏

格斗类游戏（Fighting Game，简称FTG）是指两个或多个角色利用动作技巧互相决斗的游戏形式，是动作类游戏分化出的特殊类别。格斗类游戏角色人物性格鲜明，拥有专属的招式设定，两个角色在一对一决斗时主要依靠玩家操控的动作技巧和招式特色进行格斗，通常没有游戏剧情，也不具备升级属性、打造装备的特点，具有明显的动作类游戏特征。按图形表现方式分类，可以细分出2D格斗类游戏与3D格斗类游戏，两者区别不在于画面的渲染方法，而在于游戏人物活动空间，2D格斗游戏是现行地图，游戏角色只能前后移动；3D格斗游戏地图以立体空间的形式体现，角色可以在上下左右前后六个方向上移动。

在早期，格斗类游戏主要出现在街机游戏中，1985年，《功夫》开创格斗游戏的先河，明确了格斗游戏的特征，成为以后格斗游戏制作的标准。随后《街头霸王》开创了格斗类游

图 2-26《超级马力欧兄弟》游戏截图　　　　　　　　　　　图 2-27《火影忍者》手游截图

图 2-28《古墓丽影》　　　　　　　　　　　　　　　　　图 2-29《怪物猎人》

图 2-30《三国志：武将争霸 2》游戏截图　　　　　　　　图 2-31《VR 战士》

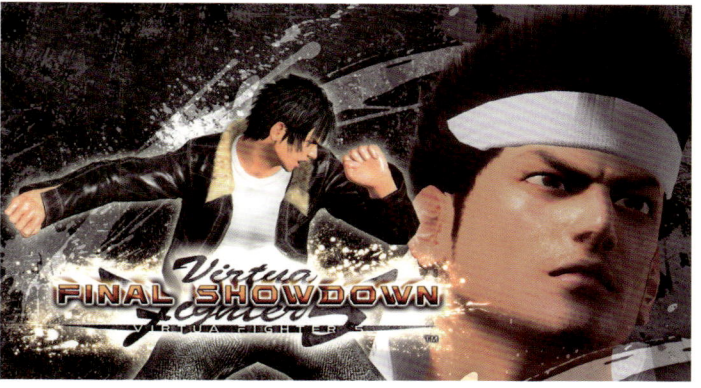

戏的新时代，它的出现标志着格斗游戏的诞生，受到了玩家的关注和喜爱。如今格斗游戏画面、系统、人物设计等更加优秀，动作招式更加考究，连招技能更加丰富，游戏平衡性和多样性都有很大进步。

格斗类游戏的经典之作有：《拳皇》、《街头霸王》、《罪恶装备》、《侍魂》、《铁拳》、《风卷残云》、《火影忍者终极觉醒》、《三国志：武将争霸2》（图2-30）、《VR战士》（图2-31）等。

21

6. 模拟类游戏

模拟类游戏（Simulation Game，简称SLG或SIM）是指通过计算机模拟"现实"生活环境的情景游戏。模拟类游戏的核心是"仿真"，模拟类游戏通过复制现实世界的某一环境或事件以自由的方式让玩家创造、支配、管理游戏世界和资源。模拟类游戏的自由度较大，玩家在游戏允许的情况下可以做一些自己喜欢但现实生活没有机会甚至不可能做的事情，如建造城市、管理国家、开天辟地、创世纪等。模拟类游戏的模拟程度较高，拥有现实世界的规则。游戏可以使玩家认识和学习某一技能，提高专业技能，提高玩家对事件的分析能力和预测能力。模拟类游戏的成功与否，并不仅要看仿真程度的高低，还是要看该款游戏对市场的影响。模拟类游戏的发展速度越来越快，渗透的领域也更多，人们已经开始重视模拟类游戏对社会的作用，在教育、军事、医学、制造业等方面都可以利用模拟类游戏模式来达到减少训练成本、缩短研究时间的目的。

模拟类游戏的经典之作有：《模拟城市》（图2-32）、《大航海时代》、《皇帝：龙之崛起》、《法老王与埃及艳后》、《特大城市》、《模拟农场》、《凯撒大帝》、《足球经理》、《主题医院》（图2-33）等。

7. 休闲类游戏

休闲类游戏是指在短时间内进行的使人愉悦的小型游戏。休闲类游戏故事情节简单，用时短，上手快，可以随时停止，相比其他类型游戏更加便捷。玩家在进行游戏时，可以体验游戏的乐趣，放松身心。休闲类游戏可以有效地缓解压力和疲劳，并且能促进玩家智能、体能的发展，提高生活品质。在进行运动竞技类游戏时，玩家通过模拟运动方式，如打网球、打乒乓球、驾驶赛车等体验多种运动竞技项目。体感游戏设备的出现使玩家足不出户就能边玩游戏边锻炼身体。

早期的休闲类游戏主要是为了消磨时间，画面简单，游戏机制单一，如《贪吃蛇》、《俄罗斯方块》等都是早期休闲类游戏的经典之作。如今，休闲类游戏加入了大量的生活元素，画面更加精致，内容更加丰富，情节更加生动，游戏机制更加多元，更具有娱乐性和吸引力，如《植物大战僵尸》（图2-34）、《愤怒的小鸟》（图2-35）等休闲类游戏，受到全球玩家的喜爱。

图2-32 《模拟城市》游戏截图

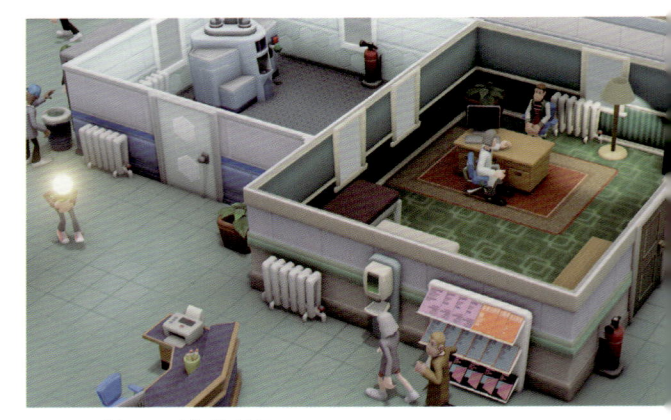

图2-33 《主题医院》游戏截图

图 2-34 《植物大战僵尸》游戏截图　　　　　　　　　　　　　　　　　　　　　　　图 2-35 《愤怒的小鸟》

休闲类游戏的经典之作有：《水果忍者》、《超级乒乓球》、《大鱼吃小鱼》、《祖玛》、《神庙逃亡》、《别踩白块》等。

8. 其他类型游戏

其他类型游戏（Etc.Game，简称ETC）主要是指与主流游戏类型相对的一些独立的特殊类型游戏。有些游戏类型没有完全具备主流游戏类型的特征，也不能划分成主流游戏类型的分支，不能成为独立主流游戏类型，却受到玩家的喜爱。例如音乐游戏（Music Game，MUG）就是一种独立狭窄的游戏类型，玩家通过键盘或模拟器配合节奏弹出音乐。音乐类游戏主要特点是节拍和旋律，玩家既可以弹奏一首音乐还可以控制角色做出与节奏相吻合的动作。音乐类游戏主要强调玩家对节奏的把握，以及手眼的协调能力的提高。

早期的音乐游戏主要是通过键盘演奏音乐，根据显示器的提示敲击相应的键位发出音效。如今的音乐游戏中加入了各种游戏要素，打破了传统的音乐游戏模式，出现了玩家必须根据音乐节奏来控制角色做出相应动作的音乐游戏，这种模式的游戏使玩家既能感受到动作的炫酷，又能享受音乐的轻松，游戏画面更加精致，内容与形式更加丰富，受到大量玩家的追捧。街机增加了音乐模拟器，使玩家可以不再通过键盘进行游戏，只需操控音乐模拟器控制节奏即可，如《太鼓达人》就是根据屏幕流动的音符，利用太鼓敲打出正确的节奏，这不仅能够培养人的节奏感，还能锻炼身体，促进人的身心健康。

音乐游戏的经典之作有：《劲舞团》、《节奏大师》、《舞王争霸》、《QQ炫舞》、《乐动魔方》、《初音未来》等。

信息时代的到来，使数字游戏发展更加迅速，电子硬件设备不断更新、升级，如今数字游戏内容丰富，种类繁多，题材新颖，各种类型的游戏之间相互交流借鉴，游戏分类的界线日趋模糊。大量的游戏可以在多个平台上运行，平台对游戏的划分存在着重复性。一种游戏类型中可能含有其他几种游戏类型的特点。游戏的分类只是相对意义上的划分，不必在意游戏类型绝对的划分标准，其目的主要是为了帮助玩家更加方便、快捷地了解游戏和选择游戏。

2.4 数字游戏软件的流变

　　计算机系统是由硬件系统和软件系统两大部分构成的。硬件是计算机的物质基础，而软件则是计算机的灵魂，所有的软件，都是使用计算机语言编写的，游戏软件也不例外。计算机技术的发展促使了数字游戏的诞生。1961年的夏天，麻省理工学院研发出了历史上第一个电子游戏《太空大战》，由斯蒂夫·拉赛尔（主程序员）、彼得·山姆森、唐·爱德华和马丁格·拉兹等几个学生共同制作。随后，数字游戏产业开始发展，20世纪70年代初，电子游戏专用机诞生，这是一台以《太空大战》为蓝本设计的名为"电脑空间"的游戏机。这台游戏机以一台黑白电视机为显示屏，用一个控制遥杆作为操纵器，玩家可以通过控制遥杆进行游戏。到了20世纪80年代，计算机技术蓬勃发展，数字游戏也不例外，游戏产业开始真正走进人们的生活。在这十年里，数字游戏改变了人们的娱乐观念，自从雅达利公司推出雅达利2600型号家用电视游戏后，电子游戏受到了全球消费者的追捧，众多电子硬件厂商纷纷涌入游戏市场，从此数字游戏产业进入了群雄角逐的时代。任天堂公司凭借其强大的技术支撑，在游戏市场中站稳了脚跟，并且占领了家用电视游戏机市场长达20年之久。红白机是任天堂的拳头产品，在当时，红白机上市不到一年，销量就突破300万台，掀起了前所未有的潮流，而数字游戏产业也在不断流变与演化。早期的数字游戏是固化在硬件设备的主板上的，不能导出、外部储存以及转载，而如今获取数字游戏的方式变得多种多样，可以通过光盘、网上下载等方式获取，这也得益于数字游戏开发工具的不断升级。游戏软件的核心是程序，而编写程序所使用的语言被称为程序设计语言，软件程序是控制计算机完成特定功能的一组有序指令的集合。计算机所做的每一次动作、每一个步骤，都是按照已经编写好的计算机程序语言来执行的，所以人们必须通过计算机语言向计算机发出指令控制计算机。随着计算机技术的不断发展，程序设计语言经历了机器语言、汇编语言、高级语言等多个阶段。

2.4.1 编程语言的流变

1. C 语言

　　1972年，C语言（图2-36）由美国的计算机科学家丹尼斯·里奇（Dennis Ritchie）研制出。C语言是在肯·蓝·汤普逊（Kenneth Lane Thompson）研制出的B语言的基础上流变与发展而成的。C语言的首次出现是在UNIX操作系统的 DEC PDP-11 计算机上，凭借着编译简捷、可低级处理、产生少量机器码、良好的跨平台特性等优势，C语言成为最成功的编程语言之一。C语言强调程序设计的逻辑、结构化的语法，是一种面向过程的编程语言，并且C语言具有可移植性与很强的数据处理能力，其绘图能力也非常强大，因此C语言适用于编写系统软件、三维和二维动画。早期使用C语言研发出的游戏有《贪吃蛇》、《俄罗斯方块》。在C语言出现后，多种编程语言在其基础上逐渐流变演化，发展出了C++、Objective-C、Java、C#等新的编程语言。

2.C++语言

1983年，C++（图2-37）语言出现。 C++语言是以C语言为基础，加入了评论的语言形式，是面向对象程序设计思想发展而来的。传统的面向过程语言，在需要用到大量程序代码量的时候，如果使用C语言来编写，程序就会变得十分庞大复杂，难以维护，而且重用性差。一个游戏由近百万个游戏代码组成，C语言将会大大降低运算速度，这说明开发游戏的要求提高，传统的C语言已经无法满足。

相比C语言，C++语言中加入了更多的抽象概念，使程序能够处理更复杂的行为模式，能够用来显示生活中的人、事、物等实体，并在程序中以对象形式加以表述。从另外一个角度来解释，C++语言以编写完成的程序为基础，通过适当的规划面向对象程序，能够开发出功能性更复杂的组件，因此C++语言在大型程序的开发上拥有极大的优势，主流大型游戏几乎都是使用C++程序语言开发出来的。

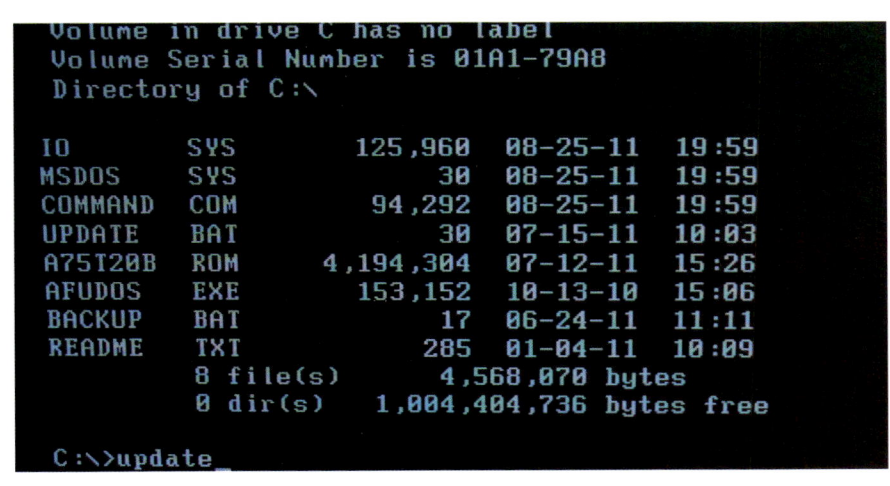

图2-36 C语言

图2-37 C++

3.Java

1995年，由Sun Microsystems公司研发的Java（图2-38）正式推出，Java是指Java面向对象程序设计语言（以下简称Java语言）和Java平台的总称。跨平台的特点是Java程序语言特有的优势，这个优势随着互联网的普及逐步扩大。跨平台功能主要是指在不重新编译的情况下，Java程序语言可以在不同的操作系统上直接运行。字节码与Java虚拟机的共同配合，使该机制可以顺利运行。

通过构建操作系统上的一个虚拟机器，Java虚拟机可以实现跨平台程序的运行，因此程序设计人员不用过多考虑虚拟机之间的交换问题，只需要专注地设计这个"执行环境进行程序"，这样将大幅度降低程序员的劳动强度，大大提高工作效率，Java虚拟机的建立很好地实现了不同平台间程序的可移植性。

图2-38 Java

2.4.2 游戏引擎的流变

游戏引擎是指已编写好底层构架的游戏程序。游戏开发者直接通过引擎中提供的内容对游戏进行开发，这些游戏引擎内部设置更多的便捷工具以及接口，使游戏设计者能简单快速地做出游戏程序。游戏引擎的种类繁多，渲染引擎、物理引擎、碰撞检测系统、音效、脚本引擎、电脑动画、人工智能、网络引擎以及场景管理是游戏引擎的关键系统，大部分游戏引擎都支持多种操作系统。

1.3D 游戏引擎前身——Wolfenstein 3D

1991年，约翰·卡马克（John Carmack）（图2-39）等创立了一家从事电脑游戏以及游戏引擎开发的软件公司ID Software，该公司推出了世界上第一款第一人称射击游戏（FPS）Wolfenstein 3D（《德军总部3D》），这款游戏也被称为3D射击游戏的鼻祖，而创始人卡马克因此被称为FPS游戏之父。

从严格意义上来说，Wolfenstein 3D（图2-40）不能算是真正意义上的3D游戏，它并没有采用真正的3D技术。该游戏使用了一种射线追踪技术对游戏进行渲染，使游戏呈现出3D效果。通过利用射线追踪技术，使游戏中每个像素发射出一道光束，光束碰到障碍物会发生反弹，形成反射，反射后的图像就有了渲染的效果，这就是游戏呈现出3D效果的原因。

Wolfenstein 3D使用的3D技术也为其他游戏所借鉴，例如《诺亚方舟3D总部》、《养鬼吃人》等游戏都借鉴了卡马克这一技术，Wolfenstein 3D开创了3D射击游戏时代，为后世的3D射击类游戏的发展奠定了基础。

2.Id Tech 1 引擎

1993年，ID公司推出的一款名为*DOOM*（《毁灭战士》）的游戏（图2-41），这款游戏的引擎被称为《毁灭战士》引擎，也就是Id Tech 1引擎，是ID公司推出的第一代游戏引擎。该引擎是在Wolfenstein 3D引擎的基础上升级流变而来的，增加了许多新的功能，游戏画面质量更好，内容更加丰富多样，而且游戏人物可以自由活动，画面更加真实。Id Tech 1引擎还不能说是一款真正的3D游戏引擎，原因是游戏视角不能向上或向下。除此之外，Id Tech 1引擎还有一个特殊的功能——支持立体音效。很快，许多游戏公司开始购买《毁灭战士》并使用其引擎，《毁灭战士》的销售额在当时达到了350万份，具有很高的商业价值，这让许多游戏公司找到了一条新的产业之路。

《全息投影者》、《玩具熊的五夜后宫》、《异教徒》、《毁灭巫师》等是比较经典的使用Id Tech 1引擎的游戏。

3. 虚幻引擎

1998年5月22日，在ID公司发布了《雷神之锤2》后，艺铂游戏公司推出了《虚幻竞技场》（图2-42），这款游戏使用了一种全新的引擎，被称为虚幻引擎（图2-43）。该游戏引擎在阴影技术与材质模块以及游戏建筑和游戏特效等方面都非常强大，而且新生的引擎有极高的战斗画面效果处理能力，在当时游戏引擎行业中处于领先地位。

接下来，许多游戏都开始使用虚幻引擎，例如《冒险弹子球：遗忘之岛》、《哈利波特》、《虚幻：重返故里》、《杀出重围》、《幽浮2》等游戏。虚幻引擎获得成功后，艺铂游戏公司再接再厉，又推出了多代Unreal引擎，现已迭代至第五代。

4. 起源引擎

起源引擎（图2-44）是一款3D游戏引擎，由Valve软件公司开发并推出，著名的第一人称射击游戏《半条命2》就是使用的起源引擎。原本《半条命》是使用Quake引擎制作的，但是随着游戏硬件的发展，Quake引擎的功能已经无法支撑该款游戏需求，这个时候，起源引擎诞生了。

同样，起源引擎也是一款次世代游戏引擎，是游戏引擎中的佼佼者，它的功能非常完善，程序的兼容性极强，操作起来也非常灵活。起源引擎可以被定义为整合引擎，它可以为开发者提供服务，即涵盖从物理模拟、画面渲染到服务器管理以及用户界面设计等所有游戏开发需要使用的功能。起源引擎能够全面支持游戏的开发，为游戏开发提供动画、渲染、声效、抗锯齿、界面、网络、美工创意和物理模拟等方面的内容，并且兼容性强，因此起源引擎成为游戏开发者最喜爱的游戏引擎之一。

Valve所开发的游戏全部都使用起源引擎，例如《反恐精英·起源》、《半条命2》、《军团要塞2》、《吸血鬼》、《刀塔2》、《喋血街头3》、《银河战士》、《洛奇英雄传》、《黑客战队：异度神兆》、《异形群体》等经典游戏。

图 2-39 卡马克

图 2-40 Wolfenstein 3D

27

5.CryEngine

2004年，德国CRYTEK公司推出了CryEngine（图2-45），并用该引擎制作了第一人称射击游戏《孤岛惊魂》，该款游戏一经发行就受到许多玩家的追捧，取得了非常好的销售成绩，成为电脑游戏的经典之作。事实证明，CryEngine是一款具有很强技术实力的3D游戏引擎。

CryEngine 2在CryEngine的基础上进行了强化，主要在图像处理上，如光影效果、触发设计、多层纹理建模系统等方面具有众多优势。其在物理破坏效果方面备受尊崇，在它的设定下，游戏中很多东西都可以被破坏，大到街道、建筑，小到花草。另外，它还具有真实的动画系统，将动作捕捉器得到的动画与计算机生成的生硬的动画相结合，采用多种程序化算法以及物理模拟系统来增强动画效果，游戏效果看起来更加逼真。例如，走路与跑步的重心区别，还有上下坡走路与平地走路的区别，大量精细的细节设定注定了CryEngine 2的成功。此外，CryEngine 2还支持64位系统，多核心多线程处理，是一款非常优秀的游戏引擎。

使用CryEngine2开发的游戏要比使用CryEngine开发的游戏多得多，例如《孤岛危机》、《孤岛危机：战火》、《布鲁克林商人》、《安特罗皮亚世界》、《蓝色火星》等。

图2-41《毁灭战士》

图2-42《虚幻竞技场》

图2-43 虚幻引擎

图2-44 起源引擎

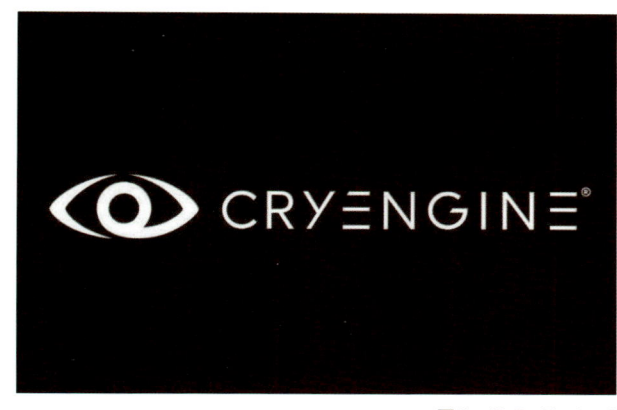

图 2-45 CryEngine3

图 2-46 寒霜 1.0 引擎

6. 寒霜引擎

2008年，著名的第一人称射击游戏《战地：叛逆连队》问世，这款游戏使用了寒霜1.0引擎（图2-46），是瑞典DICE游戏工作室设计的一款三维游戏引擎，主要应用于《战地》系列游戏。寒霜引擎的优势在于物理破坏系统，在游戏系统资源耗能低的情况下，可以运行庞大而又有着丰富细节的游戏地图，全方位地展示被破坏的游戏场景，而且破坏效果做得极其真实，能够展示大量丰富的细节。寒霜1.0引擎为射击类游戏提供了强大的技术支持，在后续的引擎研发与应用中，主要针对军事射击游戏《战地》系列的升级。寒霜1.0引擎的点睛之笔是注重引擎的灵活性，只需稍作修改，这款引擎就能够满足游戏开发者的不同需要。

以下是使用寒霜引擎开发的游戏：《战地》、《荣誉勋章：战士》、《极品飞车：亡命天涯》、《战地双雄：魔鬼联盟》等。

7. Gamebryo 引擎

相信爱玩游戏的玩家都知道《辐射3》、《辐射：新维加斯》、《上古卷轴4》以及《地球帝国》这几款赫赫有名的游戏，它们都是采用Gamebryo引擎（图2-47）制作出来的。Gamebryo的知名度远不及CryEngine和寒霜引擎，Gamebryo引擎是NetImmerse引擎的后继版本，是由C++语言编写的多平台游戏引擎，能够支持Windows、Playstation 2、Playstation 3、Wii、Xbox、Xbox 360等游戏平台。

Gamebryo引擎是一个构架良好并且灵活的游戏引擎，该引擎擅长超远视距渲染，并且拥有先进的植被渲染效果。Gamebryo引擎能够在创作各式各样的游戏类型中提供强大、合理的开发工具，例如：角色扮演类游戏、第一人称射击游戏、小型休闲游戏以及养殖类游戏等。Gamebryo引擎可制定和创作一款画面感与游戏机制独一无二的游戏，在游戏设计的过程中起到辅助作用，可以提升整个游戏项目的制作效率。

图 2-47 Gamebryo 引擎

29

2.5 数字游戏产业的流变

2.5.1 全球游戏产业的流变

1. 诞生（20世纪70年代）

20世纪70年代，数字游戏产业开始正式形成，雅达利公司发行的几款游戏先后大卖，受到玩家的广泛好评，这个现象肯定了数字游戏的商业价值。与此同时，众多产业制造商纷纷投入到数字游戏的研发当中，其中包括后来居上的任天堂、世嘉等著名游戏制造商。从这个时期开始，数字游戏硬件也开始逐渐发展，从小型游戏机到大型游戏机——掌机、家用机、计算机、街机都在不断发展进步，游戏产业在这个时期有了雏形，并开始高速发展。随后，游戏市场呈现百花齐放的态势，众多游戏相互竞争，游戏的数量和质量也都在不断提高，数字游戏产业正式形成。

2. 发展（20世纪80年代）

20世纪80年代，世界游戏产业刚刚起步，这期间发生了两次变革。第一次变革是雅达利大崩溃：北美游戏产业全面崩溃，并且给世界游戏产业带来了巨大影响，游戏市场自此开始呈现低迷状态。第二次变革是红白机的出现：任天堂公司发售的红白机，凭借着价格低廉、功能齐全等特点，迅速普及并轰动全球。红白机的成功，不仅使任天堂公司成为游戏产业新兴巨头，还使全球游戏产业重心从美国转移到日本，也促使世界游戏产业迅速恢复，深刻地影响了未来的游戏产业发展。与此同时，这一时期计算机硬件基础也在不断升级，其功能展现也更为强大，因此越发适合作为游戏的运行平台。在小型游戏机市场中，掌机产业不断发展，任天堂公司独占鳌头，处于游戏市场的主导地位。

3. 成熟（20世纪90年代）

20世纪90年代，全球数字游戏产业进入成熟阶段，开始更加注重产品质量带来的利润，不再像上一时期疯狂地以数量拓宽游戏产业市场。在电视游戏机方面，微软公司、索尼公司开始涉足数字游戏市场，并且不断发展壮大，地位日渐巩固，打破了任天堂公司主宰游戏市场20年的局面，最终索尼公司结束了任天堂自20世纪80年代以来在游戏产业中的霸主地位，成为家用游戏机市场新的领头羊（图2-48）。在电脑游戏方面，这一时期电脑游戏的类型不断增加，硬件技术也有了极大提升。电脑游戏在画面表现、游戏引擎以及游戏软件的开发方面不断发展升级，并得到了市场的肯定，这也标志着电脑游戏将成为数字游戏产业中的另一重要平台。在掌机方面，掌机的基本特征已经完全确定下来，并且在其基础特征上不断改进、发展，销售极其火爆，成为数字游戏产业的另一大支柱（图2-49）。

图 2-48 索尼

图 2-49 索尼 PSP 掌上游戏机

图 2-50 VR 眼镜

图 2-51 手机游戏

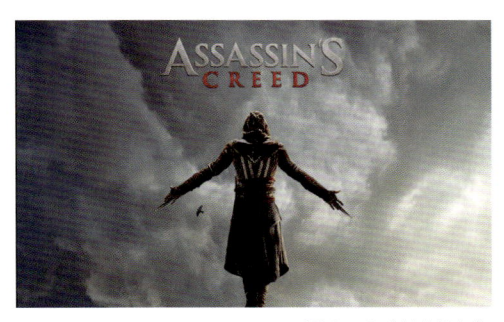

图 2-52 《刺客信条》

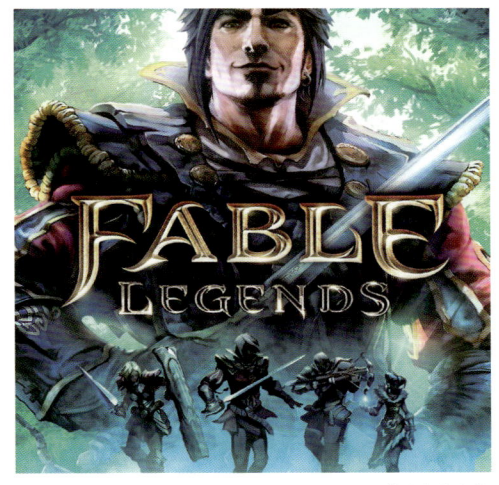

图 2-53 《神鬼寓言》

4. 壮大（21世纪初至今）

21世纪初至今，电视游戏主机市场被索尼、任天堂、微软三家厂商分割，形成三足鼎立的局面。而这一时期的电脑游戏已经发展壮大，进入了输出阶段。随着计算机软硬件技术的不断发展和游戏质量的不断提高，游戏画面效果也越来越精美，受到了玩家的喜爱，并且电脑游戏以强大的硬件基础和极高的软件水平支撑着其在数字游戏产业中的地位。电脑游戏种类和质量的不断提高，催生了单机游戏和网络游戏的发展，对整个游戏产业影响巨大，它也成为这个时期数字游戏的主旋律。同时期还出现了VR游戏，借助VR眼镜感受虚拟世界进行体感游戏，也将成为数字游戏的一大发展趋势（图2-50）。智能手机的普及，使手机游戏在极短的时间内得以迅速发展，许多游戏公司纷纷加入手机游戏的研发之中，手机游戏产值不断增加，产业分工越来越细，研发周期越来越短。因为手机有小巧易携带以及画面效果好的特性，所以手机游戏迅速成为最受玩家喜爱的游戏方式之一（图2-51）。

2.5.2 区域游戏产业的流变

从世界经济发展的角度来看，作为高新技术产业和娱乐消费产业，数字游戏必然集中在经济、科技、消费相对发达的地区。笔者按照地理将其划分成欧、美、亚区域。由于这三个区域的文化背景、价值观念不同，因此其游戏风格以及游戏产业的风格也截然不同，从而形成具有区域特色的数字游戏产业。

1. 欧洲游戏产业

基于欧洲的文化特点和特殊的历史背景，这一区域的游戏注重内涵和文化的表达，因此在欧洲，游戏的故事背景一般采用完整故事内容作支撑或者根据小说的故事情节进行改编，出现较多的游戏题材是中世纪题材和战争题材，大部分游戏中会出现骑士风格以及与二战有关的历史背景题材。2007年，法国的育碧蒙特利尔工作室（Ubisoft Montreal）制作并发行了一款极具欧洲风格的游戏《刺客信条》（图2-52），该游戏自发行之后，不仅仅在欧洲大受好评，对全球游戏产业也产生了巨大影响，成为全球最流行、销量最高的动作冒险类游戏。该工作室之后的几部作品，均是围绕欧洲中世纪历史题材开发的。

在游戏开发的过程中，若不考虑地区之间的文化差异，强行把游戏推送到有文化差异的地区，可能会出现推广效果不理想的情况。《神鬼寓言》（图2-53）是典型的角色扮演游戏，该游戏在欧洲十分受欢迎，一发行就迅速成为当时欧洲排名第一的角色扮演游戏。游戏的角色设计，采用欧洲人独特的审美，而亚洲人认为该游戏的角色属于"丑"的类型。并且该游戏缺乏挑战性和策略性，因此其在亚洲地区的销量并不理想。

31

2007年，德国游戏开发商Crytek公司推出了一款科幻题材的第一人称射击游戏《孤岛危机》（Crysis）（图2-54）。《孤岛危机》的发行开启了3D游戏的次世代，其绚丽的光影效果对计算机硬件性能要求极高，因此全球众多计算机制造商开始进一步发展3D硬件。

2. 美国游戏产业

美国是当今世界第一大经济体，直接影响世界经济的发展，其他各国在经济上也均向美国看齐。美国游戏产业对世界数字游戏产业影响巨大，大部分美国本土的经典游戏在全球范围内都有较好的销售。例如，《魔兽世界》（图2-55）、《英雄联盟》（图2-56）、《炉石传说》（图2-57）、《暗黑破坏神》（图2-58）等游戏在全球的知名度都非常高，也成为众多游戏的典范，同时也界定了许多游戏种类的特征。

美国的大部分游戏都充满个人英雄主义色彩，并且涉及未来战争题材。微软公司在Xbox游戏主机上推出的《光环》游戏，在欧美市场销量过百万。但微软公司也犯下了一个错误，没有考虑到文化的差异性，急于将这款游戏推向日本市场，最终销量惨淡。

21世纪初，美国游戏市场成为全球游戏市场的主要构成，美国游戏产业发展已经进入了成熟期，游戏市场稳定，电脑单机游戏在游戏市场中占主导地位。Xbox和PS等系列家用游戏机在美国也获得一大批玩家的支持，众多大型单机游戏制造商竞相占领美国游戏产业主要市场。

图2-54 《孤岛危机》

图2-55 《魔兽世界》

图 2-56 《英雄联盟》

图 2-57 《炉石传说》

图 2-58 《暗黑破坏神》

图 2-59 《最终幻想》

3. 日本游戏产业

基于日本的文化特点，日本的游戏有其独特的风格，即日式奇幻风格，最具代表性的游戏作品就是《最终幻想》系列（图2-59）。日式角色扮演类游戏可以与欧美的这类游戏一争高下。受家用机游戏的影响，日本游戏产业一直以来最关注的是游戏的游戏性，新鲜好玩的游戏策划是非常重要的。日本的游戏具有多重性特点，主要体现在以日本文化为主导，多种外来文化相结合的游戏类型，例如经典游戏《超级马力欧兄弟》（图2-60），既具有美式的游戏风格，又具有日式漫画特点。《超级马力欧兄弟》是任天堂公司推出的著名横版游戏。最早在红白机上推出，有多款后续版本，迄今多个版本总销量已突破4 000万套。这款游戏为红白机的成功奠定了基础，同时也结束了世界游戏产业长达两年的销售低迷期。另一款经典游戏《真·三国无双》（图2-61）是在《三国无双》的基础上进行改编的后续作品，游戏内容主要是操控一位《三国演义》中的人物进行游戏，人物设定的主角是赵云。《真·三国无双》的发售在很大程度上助长了PS2的初期销量，在之后的数十年间陆续推出系列作品，故而此游戏已成为全平台全面发展的一个庞大系列。

但是由于受文化差异以及其他多种因素的影响，大多日本本土游戏在国际游戏市场上仍举步维艰，例如被称为日本"国民角色扮演游戏"的《勇者斗恶龙：英雄》（图2-62），在中国的游戏市场并没有引起玩家过多的关注。

自20世纪60年代以来，日本游戏市场在全球游戏产业中占有重要的地位。例如，20世纪60年代初的街机、80年代的电视游戏机、90年代的便携式掌上游戏机，日本游戏行业一直引领着世界游戏的发展方向，处于世界游戏产业的前列，并且垄断了全球游戏市场长达20年之久。1998年，游戏产业已经成为日本经济的重要支柱，游戏产业占其国民生产总值的五分之一，日本占领了全球数字游戏硬件市场的90%以上，软件市场的50%以上。2018年日本游戏产业规模达到192亿美元，位列全球第三，仅次于中国和美国。日本游戏产业是世界游戏产业中不容忽视的中坚力量，影响着全球游戏产业的发展。

33

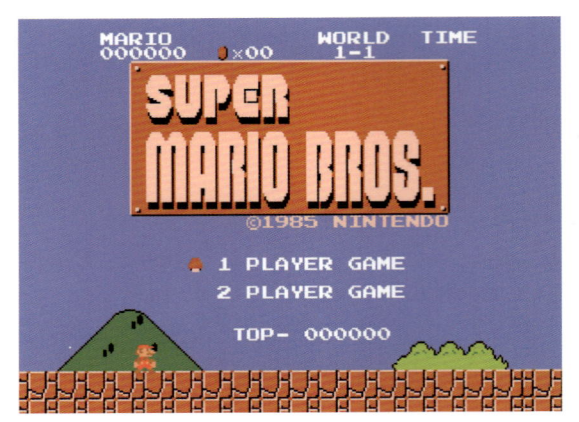

图 2-60 《超级马力欧兄弟》游戏画面

图 2-61 《真·三国无双》

图 2-62 《勇者斗恶龙：英雄》

图 2-63 《剑灵》

4. 韩国游戏产业

基于韩国的文化特点，韩国游戏中的人物角色造型唯美，场景绚丽，游戏类型大多属于奇幻风格的角色扮演游戏，例如《龙之谷》、《天堂》、《十二之天》等游戏，不论是在人物表情，还是在服饰、发型等方面都很有考究。著名的3D奇幻大型多人在线动作游戏《剑灵》（图2-63），是由韩国著名网络游戏开发商NCsoft开发的，该游戏在设计上力求突破传统，画面华丽唯美，动作流畅动感，其飞天入地的体验令玩家心驰神往。《剑灵》是一款具有跨时代创新精神的网络游戏巨作，为玩家展示了奇幻的东方武侠世界。游戏中充满了东方元素，并采用虚幻引擎对游戏进行渲染，画面效果极佳。这款游戏考虑到了文化的差异性，在游戏中融入了许多中国元素，如中国风服饰和熊猫元素等，极具东方特色，打破了地域的界限，在中国有较好的销量。

2000年中后期，韩国游戏产业崛起，到2018年韩国网络游戏产业继续蓬勃发展。2018年韩国游戏产业收入达56亿美元，位列全球第四，游戏市场稳定。韩国网络游戏既融合了东方文化又极具西方色彩，发展迅速并且成为韩国游戏市场的主导，手机游戏是韩国增长速度最快的游戏产业，规模达36.5亿美元，成为韩国第二大游戏产业。

5. 中国游戏产业

基于中国文化的特点，国内游戏中仙侠、玄幻特色居多，大多数带有中国古典元素。中国玩家更喜欢角色扮演类游戏，例如，网易公司自行开发并运营的《梦幻西游》（图2-64），该游戏将中国古典建筑的厚重与Q版人物的意趣风格糅合在一起，营造出梦幻般的游戏场景，使玩家仿佛身处仙境。可以说《梦幻西游》是中国游戏市场上的一款里程碑式的产品，从发行至今玩家人数超过3.1亿，开设收费服务器达472组，最高同时在线人数达271万，是中国大陆同时在线人数最多的网络游戏。从2003年到2021年，《梦幻西游》跨越18年运营仍保持着不错的人气。但是由于游戏中的中国元素过多，最终未能打开国际市场。

6. 中国游戏产业的发展

1994年，中国大陆第一款自主研发的原创电脑游戏《神鹰突击队》，迈出了中国游戏产业化的第一步。2001年，中国电脑游戏产业规模达7 675万美元，其中网络游戏达4 758万美元，占电脑游戏产值的62%，并且首次超过单机游戏市场规模，网络游戏成为中国第一大游戏产业，成为中国游戏市场的主流。网络游戏的崛起，让游戏市场规模迅速扩大，同时中国的游戏市场逐步走向成熟。

2008年，中国网络游戏市场实际销售收入为183.8亿人民币，比2007年同比增长76.6%。2008年中国15家游戏公司的33款游戏，开始走进全球游戏市场，销售额达1100万人民币。2009年，中国29家游戏公司的64款游戏，进入国际游戏市场，销售额达6.76亿人民币，这表明中国的游戏产业已经走向世界。2017年客户端游戏市场实际销售收入为648.6亿人民币，同比增长11.4%，占总收入的31.9%。网页游戏市场实际销售收入为156.0亿人民币，同比下降16.6%，占总收入的7.6%。移动游戏市场实际销售收入为1 161.2亿人民币，同比增长41.7%，占总收入的57%。到了2020年，中国游戏产业达到2800亿人民币，占全球游戏总收入的30%。中国游戏产业规模已经超过美国位列全球第一，并且开始细分游戏产业结构，不断升级，发展原创游戏进行游戏产业输出。国家开始出台相应的政策支持和监管游戏产业的发展，中国游戏产业正在进一步发展。

图2-64 《梦幻西游》

本章着重讲述了数字游戏的流变与演化，从最开始的主机游戏到如今智能手机游戏，呈现出多元化的发展趋势。数字游戏现在已经成为人们尤其是年轻人的主要休闲娱乐方式，人们在放松身心的同时还能通过数字游戏社交平台进行交流。从这个意义上讲，数字游戏世界不再是虚假的幻境，它已经成为人们沟通和交流的另一种渠道。从2D到3D，再从3D到网络化，数字游戏从一种模糊的状态变得越来越清晰，越来越真实。可以想象，在不久的将来，当游戏突破虚拟与真实，必将给人们的生活带来巨大影响。

教学导引

小结：

本章对数字游戏的概念、特点和流变演化进行了论述。通过对本章的学习，学生可以对数字游戏的特征及流变有一个全面的认识；根据游戏产业的流变演化了解未来数字游戏的发展方向，对不同地区、不同时期的数字游戏有更深入的认识。

课后练习：

1. 分析一款数字游戏的迭代与计算机软件硬件发展的关系以及游戏设计的流变过程（从硬件、游戏引擎、地区发展等角度分析这款游戏不同版本的变化）。

2. 从游戏类型划分入手，对一款感兴趣的数字游戏的迭代版本以及未来的发展趋势进行分析。

第三章
数字游戏的演变趋势

当前游戏行业的发展现状与趋势
当前游戏产业的发展对本国文化输出的意义

> **重点：**
> 通过本章的学习，学生可以清晰地了解全球游戏行业和中国游戏行业的规模现状以及未来的发展趋势；认识到游戏行业作为国家软实力，对政治、经济、文化所产生的影响。
>
> **难点：**
> 清楚了解游戏行业各个不同游戏平台市场的现状以及未来发展趋势；清楚认识游戏作为文化产业的重要价值。

3.1 当前游戏行业的发展现状与趋势

3.1.1 当前游戏行业的发展现状

1. 全球游戏行业规模现状

数字游戏从诞生至今不足百年，但因其具有极强的娱乐性和交互性，发展迅猛。数字游戏属于朝阳产业，并且随硬件基础设施的不断完善其内容也呈井喷式增长，智能手机以及VR和AR技术的崛起使沉浸式体验变得更加丰富，让数字游戏的发展如虎添翼，产业链不断向全新的领域扩展，内容也变得更为丰富。

据目前不完全数据统计，2018年全球数字游戏市场总收入达1 387亿美元，而智能终端总收入达703亿美元。2018年中国游戏市场总收入达到了379亿美元，约占全球游戏市场总收入的28%。从20世纪70年代电视游戏机诞生，到2007年游戏市场总收入才增长到350亿美元。到2018年，短短的11年间全球游戏市场总收入新增了1 000多亿美元（图3-1）。快速增长的原因包括：手机游戏的大爆发、游戏IP的壮大、服务模式类游戏的出现、游戏直播和电竞的兴起、休闲小游戏的"病毒式"传播、游戏消费市场的创新等。

2018年游戏市场最大的获益者是移动手机平台，该平台的总收入达703亿美元，占全球游戏市场总收入的51%，全球手机游戏玩家数量占全球人口的三分之一左右，达22亿人。从收入规模的角度来讲，主机游戏是全球第二大游戏市场，其总收入达346亿美元，预计在未来3年内以复合增长率4.1%的速度增长至390亿美元。全球第三大游戏市场是PC游戏，总收入达329亿美元（图3-2）。主机游戏和PC游戏市场在持续增长，而网页游戏的收入则有所下滑，主要原因是很大一部分网页游戏玩家转移到了移动手机游戏平台，在最近5年内（2017年—2021年）网页游戏将以年复合增长率-16.1%的速度下滑，2021年收入降至25亿美元。

从全球各区域游戏市场收入来看，全球最大的游戏市场是在亚太地区，2018年收入达714亿美元，占全球总收入的51.8%。该地区人口总数超过40亿，游戏玩家超过12亿，在线人口数超过19亿。中国是亚太地区游戏市场收入最多的国家，达379.4亿美元，占全球游戏市场总收入的27.5%。排名第二的是美国游戏市场，收入占全球总收入的23.7%，金额为304.11亿美元，该地区玩家数量接近2亿，在线人口接近3亿，占总人口的三分之二左右。排名第三的是西欧游戏市场，收入占全球总收入的14.5%，规模预计同比增长5.6%，达200亿美元，该地区收入主要来自主机游戏。全球其他地区的游戏市场总收入共占10%，拉丁美洲游戏市场规模约为50亿美元，占全球总收入的3.6%，中东和非洲地区市场规模为49亿美元，占全球总收入的3.6%，东欧游戏市场规模约为39亿美元，占全球总收入2.8%。（表3-1）

早期电视游戏并未在中国发行，由于相关政策的出台，2014年起中国电视游戏市场才开始逐渐兴起，以微软Xbox、索尼PS4等为代表的海外游戏主机设备陆续进驻中国市场，而国内众多游戏制造商也开始涉足电视游戏。但因为国人使用习惯和消费习惯与国外游戏玩家不同，游戏主机的普及还存在着大量的问题，相信随着时代的发展这一状况将会得到逐渐改善。

2. 中国网络游戏行业规模现状

中国游戏市场是发展最快的新兴游戏市场之一，2020年中国游戏市场产业实际销售收入达2786.87亿人民币，同比增长20.71%。其中移动游戏市场占主导地位。中国移动游戏的实际销售收入约占全球移动游戏收入的三分之一，约为30.8%。中国网络游戏产业呈现飞速发展的态势，如图3-3所示。相较2019年增长3.7%，网络游戏整体用户规模持续扩大，至2020年，中国游戏用户增长至6.65亿人，复合增长率达27.17%。

近年来，客户端游戏市场基本保持稳定，但所占的市场份额呈下降趋势。2020年客户端游戏市场实际销售收入为559.2亿人民币，同比下降9.09%，占总收入的20.07%。2020年客户端游戏市场增长出现反转的主要原因有：

（1）客户端游戏对应的市场需求仍然存在，客户端游戏用户更强调游戏性，更看重游戏的体验与玩法，依靠产品质量——精品游戏获得增长。

（2）已有的客户端游戏依旧表现出色，作为市场主力竞技类客户端游戏继续保持良好的发展态势，这类产品的稳定表现成了客户端游戏在长周期内维持增长态势的重要因素。

图 3-1 2012 年—2020 年全球游戏市场规模及增长

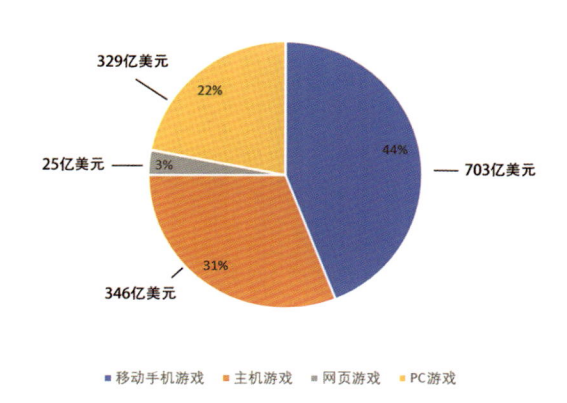

图 3-2 2018 年全球游戏平台收入占比

表 3-1 2018 年全球游戏收入排名前十的国家

排名	国家	收入规模（亿美元）
1	中国	379.4
2	美国	304.11
3	日本	192.31
4	韩国	56.47
5	德国	46.87
6	英国	44.53
7	法国	31.1
8	加拿大	23.03
9	西班牙	20.32
10	意大利	20.17

（3）直播平台的迅速发展为客户端游戏提供了新的推广渠道，有利于帮助客户端游戏聚拢用户，并拉动新用户的增长。在用户规模方面，电子竞技游戏的盛行，使高性能客户端游戏重新获得用户青睐，带动了客户端游戏用户的回流。2017年客户端游戏用户达到1.58亿人，小幅增长1.7%。

网页游戏市场规模开始减少，所占的市场份额也呈下降趋势，销售收入与用户规模同时下跌。2020年网页游戏市场实际销售收入为76.08亿人民币，同比下降22.9%，占总收入的7.6%。近年来，网络游戏玩家对游戏精品化的要求不断提升，这使便捷、轻量但画面、特效、情节饱满度等属性明显弱于客户端游戏和移动游戏的网页游戏已无法满足玩家的需求，

图 3-3 2014 年—2020 年中国游戏用户规模及增长

同时网页游戏的市场推广费用一直居高不下，从而导致玩家逐年流失。网页游戏在2015年规模达到顶峰后，随着同质化现象日益严重、研发投入不足等问题的凸显，用户数量开始连续4年负增长且行业规模也缓慢下跌。2017年网页游戏用户数量为2.57亿人，持续下降6.6%。

现阶段，随着智能手机的普及，国内网络游戏以移动游戏为主，呈增长趋势，占据了全国游戏市场近60%的份额。2020年移动游戏市场实际销售收入为2096.76亿人民币，同比增长32.61%，占总收入的75.24%。随着3G、4G网络覆盖率的提高，城市Wi-Fi等基础设施和网络技术的发展，以及智能手机、平板电脑等移动终端设备的普及，我国移动游戏用户数量增长迅猛，在网络游戏细分市场中增长最快。移动网络游戏具有用户广、市场潜力大等特点，已成为各方竞相追逐的领域，从而成为网络游戏市场高速增长的重要驱动力。2017年移动游戏用户数达到5.54亿人，增长4.9%。

综上所述，移动游戏无须长时间下载且具有随时随地可玩的方便性与便携性，其市场占有率从2011年的11.6%逐步增长到2020年的75%，市场规模达到1 162亿人民币，成为行业主导游戏品类。而客户端游戏市场占有率则逐步从2011年的76%的绝对主导地位下滑到2020年的20.07%。网页游戏市场由于受到的移动游戏的影响以及质量与流量的不对等，在2014年达到巅峰后，所占市场份额逐步从2015年的15.1%下滑至2020年的2.9%。

3.1.2 当前游戏行业的发展趋势

1. 游戏细分领域改变传统制作团队

当今社会，科学技术发展迅速，各个新兴行业都开始细分，例如互联网、数字游戏等。细分领域将给我们带来更多的机遇，每一个大行业都由很多个细分的小领域组成，我们只有站在巨人的肩膀上，才能与巨人共同进步。早期传统的数字游戏行业较为单一，20世纪七八十年代，雅达利公司、任天堂公司相继独占游戏市场。随着硬件设施的不断升级，数字游戏行业也开始发展，并且不断细分，许多游戏公司开始崭露头角，例如世嘉、微软、索尼等公司纷纷在游戏市场占领一席之地。游戏行业的细分也使游戏制作团队更加专业化，传统游戏的制作是由大型团队研发并上市，而细分领域后，游戏制作团队则变为以中小型团队为主，游戏行业被进一步细分，分工更加明确，例如游戏策划、游戏美术、游戏程序等部门变成单独的团队，根据游戏需要相互协作。这样的细分能够使游戏制作效率、游戏制作水平大幅度提高。

2. 游戏方式的两极分化

随着游戏产业的不断发展以及科学技术的提升，数字游戏将向两极分化：一是智能手机的普及，移动游戏将越来越受欢迎。越来越多的智能手机企业开始研发专门的智能游戏手机，以满足不断增长的市场需求，而手机游戏也成为越来越多年轻人的娱乐方式之一。2000年因政策原因，家用型电视游戏机错过了中国市场，直至2013年以后才有所好转，因此90%以上的年轻人将智能手机作为游戏首选，这使PC游戏和其他设备黯然失色。二是影院式体验，曾经只能在好莱坞大片中看到的虚拟现实高科技正在逐渐步入现实，未来如虚拟现实头盔、数据手套、操纵杆等昂贵的游戏设备将投入游戏厅中，而新型游戏厅将使游戏变得更为立体，玩家在多种感官相互结合下进行游戏，使游戏更加真实生动。

3. 游戏行业主导的转变

智能手机游戏渐渐成为游戏行业的主导，未来将会有更多主机游戏开发商转向手游市场，因此主机游戏改编手游、跨平台游戏将成为一大发展趋势。随着VR技术的迅速发展，根据预测，下一个游戏主导产业将是VR游戏。截至2017年底，世界范围内有7 000万名VR设备用户，他们为游戏市场带来了89亿美元的硬件收益和61亿美元的软件收益。VR游戏具有更加强烈的沉浸式体验，与3D技术的泛娱乐应用有些类似，其率先在泛娱乐领域立足，未来VR技术将带给人们不一样的视觉体验，随着VR硬件技术的不断提高，它将与游戏结合得更加紧密，VR游戏将革新游戏行业。

4. 电竞直播平台

随着游戏市场的发展，游戏厂商纷纷布局电竞产品和赛事，各直播平台上有关电竞的内容也开始不断增多。电竞行业已经形成由电竞游戏、电竞赛事、内容制作到电竞直播的完整产业链。2017年国内的电子竞技用户达2.2亿人，其中超过80%的用户会在线观看比赛。究其原因：一是游戏企业对于电子竞技游戏的倾向性增强，电竞赛事的增加，影响力逐渐提升；二是"《英雄联盟》世界总决赛"等诸多头部电竞赛事在中国的举办，助力中国电竞用户迅速增长。相关数据显示，中国电竞覆盖的人群规模接近5亿人，这些都是潜在的电竞用户群体，电竞用户规模仍有巨大的增长空间，2020中国电竞用户规模达到4.3亿人。未来，与电竞赛事、电竞直播相关的广告、竞猜和粉丝经济将会带来超过500亿人民币的市场规模。目前，经过沉淀，游戏直播市场已经基本形成固定格局，并且游戏直播平台依托广大的用户基础，结合市场环境与政策发展，在未来也将越来越行业化、规范化。

5. 原创IP

IP指知识产权，是IntellectualProperty的缩写（图3-4），多指具有高专注度、大影响力并且可以被再生产、再创造的创意性知识产权。如今，IP的概念变得更加具象化，有着深刻的互联网基因，外在形式几乎涵盖所有的文化艺术行业，如电影、电视剧、话剧等叙事作品，或拥有众多粉丝的游戏，甚至是一句流行的网络语言，均可成为IP。互联网时代的到来、新媒体平台的大量涌现，互联网公司相继入驻内容生产领域，IP这一概念最终被创造，并掀起一股热潮。不管是影视、动漫还是文学，在泛娱乐的趋势下与游戏产业的融合越发紧密，通过IP授权，将其他产业的资源和品牌引入游戏当中，开辟了游戏行业竞争的新战场。

2014年被称为中国IP元年，2014年有IP加持的游戏数量至少是2013年的11倍。其中，通过IP授权，日本著名的动漫人物以及美国好莱坞电影都会被做成游戏产品。原创IP给人留下的深刻印象，使相应的游戏产品也迅速火爆起来，原创IP必然会成为未来游戏行业的一股不可忽视的力量。人性对精神娱乐的本质需求在马斯洛需求理论中早有体现，优质IP除了能改编成游戏之外，其价值还可通过衍生品的开发得到进一步挖掘。在IP产业链开发中要把握好以下几个方面：利用大数据精准预判用户需求、鼓励原创作品、保证行业健康发展、拓展IP产业边界，以实现价值最大化。例如，美国迪士尼公司从"米老鼠"开始开发衍生品，如今形成了图书、影视、动漫、游戏、主题公园等庞大产业链，可谓IP产业链构建的经典案例。在未来，IP产业边界的拓展已成为一大发展趋势，挖掘、深耕优质IP，从多领域延伸拓展IP，才能释放出IP的真正价值。

3.2 当前游戏产业的发展对本国文化输出的意义

随着经济全球化以及世界多极化的深入发展，在综合国力竞争中，文化软实力的地位和作用变得更加重要。增强国家文化软实力，是提高本国文化的国际影响力的重要手段之一，游戏行业作为文化输出的重要平台，对本国的文化输出有着重要的意义。

3.2.1 政治方面的意义

每个国家的公民都具有自己的社会价值观，会潜移默化地宣扬本国文化。同理，对于任何一个行业来说，宣扬本国文化是其义不容辞的责任（泛论）。例如，在美国本土游戏《古墓丽影》、《使命召唤》、《星际争霸》、《侠盗猎车手》等游戏中，个人英雄主义、人人平等自由等价值观被体现得淋漓尽致。这些游戏在全球有着较好的销量，深受玩家的喜爱，这也间接传播了美国的价值观，并使之渗透到其他国家的文化中。将本国的价值观与游戏相结合，利用游戏产业向全世界推广美国文化，通过游戏的热卖，宣扬本国的价值。通过输出游戏产品，美国不仅牟取了高额利润，而且还输出了政治观念，提高国际影响力，不断地巩固其大国形象，对其他国家的生活时尚以及政治观念产生了极为深远的影响。

3.2.2 经济方面的意义

想要促进国家经济的发展，文化输出是一个极为重要的手段。文化输出的范围越大，对其他国家的文化渗透越深，本国游戏产品在全球也就越受欢迎，从而使其他国家认同本国政治观念以及价值观。例如，欧洲许多游戏都在输出本国文化，宣扬"契约精神""以人为本"的价值观。《刺客信条》、《骑马与砍杀》、《巫师》等游戏体现了欧洲的骑士文化和人权至上的价值观。这些游戏都在不断地向其他国家输出欧洲文化，使他国理解并接受甚至喜欢上欧洲文化，不仅潜移默化地增加了欧洲文化的受众，还带动欧洲的商业、旅游业以及其他经济行业的快速发展。文化输出让产品受众面更广，更容易被国际市场接受和喜爱，使第三产业比重加大，促进产业结构升级，促进本国经济高速发展。

图 3-4 IP 涵盖领域

3.2.3 在文化方面的意义

文化是国家核心竞争力的重要因素，文化软实力已成为一个国家综合国力的重要组成部分。文化软实力的提升需要通过文化产品来体现，而游戏作为一种文化载体，有着先进的传播手段和较强的传播能力，是提升文化软实力的重要手段。在经济全球化的大背景下，各国联系紧密，任何国家都不可能在独立和隔绝中生存与发展。世界文化领域多种文化体系相互碰撞、交流和融合，而游戏行业作为文化输出的一个重要平台，能够提升国家核心竞争力，在宣扬本国价值观和影响世界文化方面都有着重要的意义。

游戏产业涉及面广，可以说是升级和改良后的文化产业之一，游戏产业面向全球，是本国文化的重要工具，同样也是整个文化输出战略的一个重要组成部分，还是提高国家文化竞争力的重要产业。

教学导引

小结：

本章针对数字游戏市场的现状和发展趋势以及数字游戏产业的价值进行了论述。通过对本章的学习，学生可以对全球游戏市场和中国游戏市场有一个全面的认识，根据发展的趋势对未来数字游戏产业发展有清晰的判断；学生可以对数字游戏产业在国家文化竞争力方面的价值有清楚的认识，即文化影响游戏，游戏输出文化。

课后练习：

1. 列举一款已经上市的数字游戏，分析数字游戏市场的发展趋势对该游戏版本迭代的影响，并预测未来发展的方向。

2. 列举一款已经上市的数字游戏，具体分析其在文化层面上的价值（美术风格、剧情设定等）。

第四章
游戏制作团队的构成及其职能

游戏制作人
游戏构架师
关卡设计师
游戏程序设计师
游戏美术设计师
游戏测试员
游戏运营师

> **重点：**
> 　　本章着重讲述了当前游戏制作团队的成员构成及其所肩负的职责。通过对本章的学习，学生可以切实了解游戏制作团队的构成，对各个岗位的职能有一个清晰的认识。
>
> **难点：**
> 　　对游戏制作团队中不同岗位的职能的区分；充分认识各个岗位对游戏制作团队的重要性。

　　制作数字游戏的过程被称为游戏制作，游戏制作所需要的时间和人员的安排会根据游戏的类型和大小的不同做相应的变动。在游戏产业发展早期，常常是一个人包揽游戏开发的所有任务，包括游戏策划、程序设计、美工制作以及音乐效果和测试等。游戏产业发展到今天，商业游戏产品都是团队合作研发出来的，而小型游戏一般由业余团队或者个人完成，原因是其程序相对简单，制作时间短。例如，依靠"RPG制作大师"软件，制作人员不需要具备过多的技术即可在短时间内制作出电脑游戏。而一般大型游戏都会由大型游戏开发公司制作完成，原因是大型游戏制作过程比较复杂，突发问题较多，需要的团队分工协作，通常要花费几年时间完成。

　　数字游戏开发商有两类，一类被称为第一方开发商，另一类被称为第三方开发商，人们总是容易混淆。第一方开发商的游戏开发与运营部分都是由自己操作完成的，他们拥有自己的游戏平台，例如微软公司、任天堂公司、索尼公司就拥有自己的游戏发布平台。而第三方开发商虽然自己开发并运营游戏，但没有自己的游戏平台，第三方游戏往往采用独占的方式在第一方开发商的游戏平台中进行销售，例如喀普康、史克威尔艾尼克斯、科乐美是世界知名的第三方开发商。

　　开发游戏的过程中，游戏开发公司要考虑许多因素，因此需要构建起开发团队的金字塔形结构，一般游戏项目开发小组的团队配置需要考虑项目大小、开发时间、资金、项目本身这几个方面的问题。而游戏制作主要由内部开发和外包两大部分构成，内部开发包括游戏设计、程序、美工、音乐、CG等，外包主要是以美术为主。

　　游戏制作团队由游戏制作人、游戏构架师、关卡设计师、游戏程序设计师、游戏美术设计师、游戏测试员以及游戏运营师构成。

4.1 游戏制作人

　　游戏制作人是指游戏项目的监督和负责人，是整个游戏制作团队的领导者，负责从游戏研发到运营整个流程。在实际操作中，游戏制作人需要协调联系游戏开发商和游戏发开团队，以实现游戏研发与运营一体化。目前，国内大多数大型公司都采用游戏制作人制度，例如腾讯、网易、盛大等游戏公司。

　　游戏制作人需要参与游戏制作的每一个环节，其职责类似于电影导演。游戏制作人是整个游戏团队的领导者，带领整个团队在规定时间内，保质保量地完成游戏制作，并在游戏制作过程中决策、协调以及解决问题。

1982年，特里普·霍金斯（图4-1）创立了美国艺电公司，他是最早使用"游戏制作人"一词的人，他在公司里设立了游戏制作人这个职位。在朋友杰瑞·摩斯的影响下，霍金斯认为音乐界中的管理A&R（artist and repertoire）与游戏制作人的职务相似，因此霍金斯从著名的A&M唱片公司请来了多位唱片制作人来帮助协调训练第一批游戏制作人。

数字游戏主要是由第三方开发商制作完成。在这样的情况下，游戏制作人可以分为外部制作人和内部制作人两种。外部制作人通常在游戏开发商的聘用下以"执行制作人"的身份进行工作。一些游戏开发商完全依靠游戏发行商指派来的游戏制作人来负责相关的工作，在公司团队内部并没有游戏制作人这个职位。

通常，一般的游戏制作人既是游戏开发计划者又是管理者，负责让游戏作品在预期的时间和预算之内顺利完成。而内部制作人则需要一位专精于开发商擅长游戏类型的助理制作人，个人的学习背景不同，专精领域也有所不同，这些领域一般包括开发设计、程序编写、管理等。而执行制作人则需要负责管理公司内部所有的游戏产品，为游戏产品从开发到发行期间的进度和质量提供保证，确保游戏质量符合公司的预期目标。

外部制作人更像是一架桥梁，连接开发商和出版商。在监督多个开发商的游戏开发计划和进度的同时向出版商的高层反映游戏作品的开发进度和遇到的问题。而开发商的制作人负责监督公司内部的游戏开发，相当于内部制作人的工作范围，只需要负责监督一个大型游戏或者多个小型游戏作品的开发。

现今，数字游戏的发展制作计划越来越复杂，研发费用越来越高，一些开发团队会聘请专业的制作统筹。跟电影和音乐制作统筹一样，游戏制作统筹平时主要负责管理、计划日常的经费支出和日程进度，以确保游戏作品能在预期时间内完成。

在单一游戏的开发过程中，内部制作人担任着极其重要的角色。不同公司的内部制作人的责任也可能有所不同，但大部分制作人都担负以下责任：

· 授权合约，针对合约内容进行沟通和谈判，直到合约最终签订；
· 在开发商和发行商之间起沟通和传递信息的作用；
· 计划和监督开发的时间和控制预算；
· 监督游戏开发的设计和程序编写；
· 确保开发商能按预期完成各阶段的目标；
· 安排品质测试的时间表；
· 安排游戏数据的测试。

简单地讲，内部制作人最大的职责就是要监督游戏能在预期内要完成并保证它的品质。

游戏制作人在整个游戏团队中处于主导地位，对研发游戏的类型、风格等方面做出决策。在进入游戏研发阶段之前，游戏制作人必须要对市场进行调解，并且对竞争对手做深入的分析，最终对选项和游戏框架规划做出决策。游戏制作人分析调研数据，并且直接对游戏的价值取向和激励机制做出决策。大多数的日系企业在项目开发之前，为了避免游戏开发过程中出现多次返工情况的发生，会花费大量的时间分析并思考因设计不周或者设计细节不够周全而导致的再次设计的问题，并且对游戏项目的卖点和细节做详细的规划，投入大量的人力和时间来完成整个项目，在确保细节和目标没有冲突之后再开始全面投入开发。例如，游戏制作人小岛秀夫（图4-2）因主导开发了世界上第一款战术谍报动作游戏《合金装备》系列而成为全世界最知名的游戏制作人及日本游戏界的标志性人物之一。

图4-1 特里普·霍金斯

具体策划方案经过详细的论证之后，游戏制作会进入研发实践，游戏制作人兼具组织和执行的职能。开发阶段游戏制作人最重要的职责是综合考虑权衡游戏的成本、档期、内容和质量的平衡。例如，当一款游戏的上市时间对盈利有巨大影响时，若游戏项目大部分支出在人力成本上，游戏制作人就需要在上市时间、质量以及游戏内容等方面做出权衡。在某些游戏项目组中，上面提到的工作也会交给其他项目经理负责，但是在整个游戏项目中游戏制作人仍扮演着重要角色。既能够盈利又能给玩家带来快乐的游戏，才能算得上一款好游戏，而游戏项目能够盈利的关键是开源和节流，这些都需要游戏制作人来权衡。

图 4-2 小岛秀夫

产品推向市场，并不意味着游戏制作人的工作就结束了，还要根据游戏市场和游戏玩家的反馈进行筛选，找出最具有代表性的意见，根据反馈不断对游戏的缺陷进行改进和优化。同时，制作人还要在玩家需求、开发成本、盈利以及项目改进需求和项目资源容许度等各种矛盾冲突中权衡利弊，协调工作。（图4-3）

在一些小型游戏的开发中，游戏制作人可以直接和游戏程序设计师、游戏概念设计师进行沟通。在一些大型游戏的开发过程中，由于参与游戏制作的人员比较多，游戏制作人只能和每个部门的主要负责人沟通，由他们负责协助游戏制作人完成工作任务，为了保证游戏开发工作的顺利进行，游戏制作人还要定期与各部门的负责人面对面沟通。

图 4-3

4.2 游戏构架师

游戏构架师的主要职责是将一个想法变为可以实现的设计。在中国，游戏构架师又称为游戏策划师、游戏企划师。游戏架构师在设计游戏时，没有特定的游戏类型，既可以是电脑游戏，也可以是传统的棋牌游戏。

游戏构架师的日常工作包括：撰写游戏设计文本、撰写美术设计需求、撰写游戏脚本、制作游戏场景关卡内容、撰写测试要求、参与游戏测试、改写游戏引擎。

游戏构架师要根据不同游戏开发商的需求调整自己的工作。

游戏构架师的工作范围可以被细分为以下六个方面（以电子网络游戏为例）：

4.2.1 游戏主策划

游戏主策划又被称为游戏策划主管。顾名思义，游戏主策划主要负责游戏整体项目的策划，也就是负责游戏整体概念的设计以及日常工作的管理和协调。同时，也需要负责指导并管理策划组成员，与游戏策划组成员共同完成游戏设计工作。

4.2.2 游戏系统策划

游戏系统策划又称为游戏规则设计师，在整个游戏策划中扮演着非常重要的角色。一个好的游戏系统策划，需具备较强的逻辑思维能力，以及纵观全局的能力。为了完成游戏的基本规则，游戏系统策划主要负责部分游戏规则的编写和游戏基本系统的设置。如果要满足玩家更多的需求，游戏系统策划就要与程序设计者配合，根据游戏本身的特色进行设计并完成游戏策划。例如，组队、打怪、部落、排行榜等系统，需要提供界面、图标、操作信息，以及各种提示信息等。一个优秀的游戏系统就像一篇好的论文一样，要有清晰的逻辑，游戏系统策划要能清晰地表达想要的系统是什么，所写的文档有条理，能够让游戏程序设计者一目了然。

4.2.3 游戏文案策划

游戏文案策划又被称为游戏剧情策划，主要负责辅助游戏内部部分文字的产出。例如，辅助故事情节，装备描述，世界观构架，主线、支线任务设计以及技能描述等文字，有时候还会负责游戏宣传文本的写作。所以，游戏文案策划不仅仅是埋头写剧情，还需要与关卡策划师配合完成游戏关卡的设计工作。

4.2.4 游戏数值策划

游戏数值策划又称为游戏平衡性设计师，一般主要是进行游戏数值平衡和制定，包括游戏中各种公式和数字的设计，以及整个系统的搭建，包括战斗系统、游戏关卡的设计等。其中游戏数值策划师需要细致合理地规划公式和算法数值。数值策划包含了整个游戏中涉及的所有的数字以及公式与算法，小到怪物的血量变化、武器的掉落，大到AI、关卡等。此外，

图 4-4 游戏数值策划案例 1

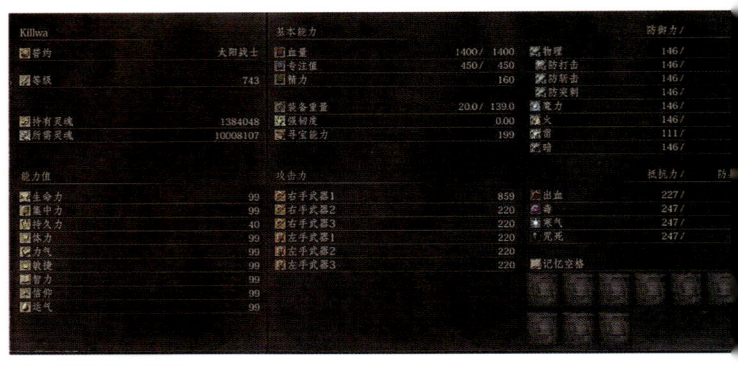

图 4-5 游戏数值策划案例 2

还需要与游戏关卡策划、游戏系统策划共同协商进行系统各种数值的设定，例如怪物数值的设定等。（图4-4、图4-5）

4.2.5 游戏关卡策划

游戏关卡策划对游戏关卡的布局进行宏观把控，主要负责对游戏世界观的设定和整个任务系统的构架，需要对游戏场景和关卡任务与关卡难度进行设计。这要求游戏关卡策划不仅需要掌握绘图能力来设计关卡，还需要配合游戏剧情策划、游戏数值策划进行剧情、数值和系统方面的设计。同时，还需要跟进程序，实现游戏任务，提出美术资源的需求和跟进美术资源的制作，提出任务编辑器、场景编辑器等方面的需求。简单地说，游戏关卡策划是最关键、最主要的游戏创造者之一。

4.2.6 游戏脚本策划

游戏脚本策划主要负责编写游戏中的脚本程序，与计算机程序员有相似之处，但又有所不同，因为该职位还会负责一些游戏概念上的设计工作。通常，游戏脚本策划也需要执行策划，因此，游戏脚本策划必须有计算机编程的功底，主要负责任务类等脚本的编写和维护管理程序需要的各种脚本接口。

游戏策划对后期的制作起到至关重要的作用；策划师必须具有较强的观察能力，市场调研能力，对系统工程的了解操作能力，丰富的想象能力，对美术、程序及音乐的审美能力，文字表达能力，与部门之间的合作协调沟通能力及基本软件的操作使用能力。不同类型的游戏策划师所具有的能力也各不相同，要求也不同，这里讲的是策划师的综述。总之，游戏主策划是开发游戏的关键，也是游戏的内涵体现，因此，做好游戏前期策划就等于给后面的制作做了强有力的铺垫。

4.3 关卡设计师

游戏关卡设计就是将游戏关卡策划中初定的游戏框架转化为具体的游戏内容。具体的解释，就是对游戏的整体进行把控，并对每一个关卡都展开设计的过程。关卡设计的主要工作内容是合理地规划组合游戏中的目标和任务，通过设计场景和物品、道具以及机关触发等，制作出一系列完整的游戏地图。设计师通过精心设计布置关卡来把握游戏节奏，以便引导玩家进行游戏，最终实现设计意图。

关卡设计师是游戏中关卡的设计者。在一款游戏中，游戏关卡设计占据着非常重要的地位，游戏关卡设计也就是总关卡设计，是对整个游戏的世界观进行具体设计，而总关卡设计可以分为功能关卡和视觉关卡两大类。

游戏关卡设计师若要完成对整个游戏内容的分配与规划，需要功能关卡设计和视觉关卡设计的相互配合。关卡设计师为了达到控制游戏节奏、吸引玩家的目的，会通过控制剧情的发展和关卡之间的连接以及对剧情内容的扩充等来把握玩家的游戏体验过程、选择方式等方式进行设计。

4.4 游戏程序设计师

游戏程序设计师是指在游戏开发团队中从事游戏研发工作的人员。游戏程序设计师的主要工作内容有：负责游戏引擎的开发与相关工具的编写；编写游戏程序，能够尽量发现游戏程序中存在的漏洞，并提出适当的解决方案；准确地分析市场需求，收集相关资料，提出游戏设计内容的编辑方案；把握玩家的心理，设计出新颖的游戏；和团队讨论表明设计意图，在开发过程中及时沟通并且解决问题。

游戏程序设计师编程使用的开发工具主要有：

编程语言工具以及集成开发环境：Visual C++、Visual Basic、Delphi、Microsoft.NET Framework系列（Visual C++.NET、Visual Basic.NET、Visual C#.NET）等。（图4-6、图4-7）

开发工具包，其中最有名的是DirectX系列。

各种游戏厂家自己开发的封装度极高的制作工具，如一些角色扮演类游戏制作工具等。

使用这几类开发工具的前提是需要将游戏必要的人物、场景和道具绘制好，然后由玩家自己进行选择组合，一般不需要制作者敲入代码就能完成整个游戏制作。但是这种制作过程无法充分发挥制作人的创作才能，如作者无法改变各种人物的设计。分工细致的游戏开发团队会对游戏程序设计师进行分工，如按照图形、声音、人工智能或关卡、物理等选项来进行分工。

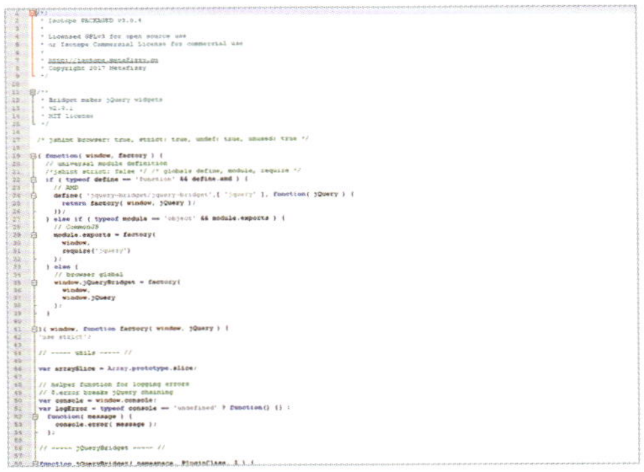

图 4-6 游戏程序编程界面1

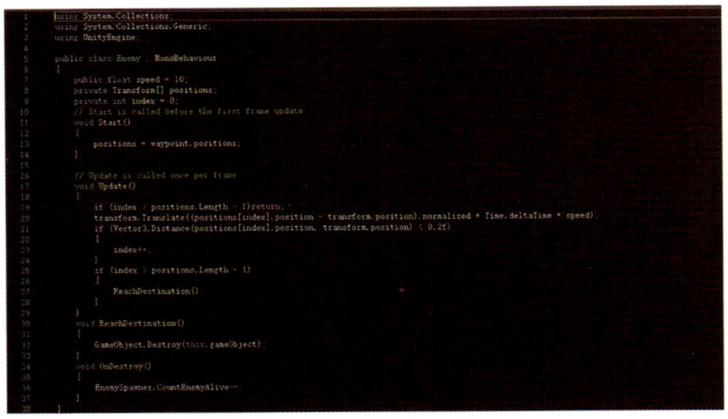

图 4-7 游戏程序编程界面2

图4-8 游戏美术案例

我国的游戏程序设计师水平与欧美国家的程序设计师相比还有一定的差距。但是，随着国内游戏公司盈利模式的不断发展，充足的资金吸引了大量高水平程序设计师，许多带着热情入行的跨领域程序师纷纷加入到游戏开发的队伍中，因此从业人员更加职业化，游戏程序开发更加规范。

随着时代的进步和互联网的迅猛发展，中国已成为最大的网络游戏市场，游戏市场带来了广阔的发展前景和无限的商机，游戏程序设计师支撑着整个游戏核心的技术的开发，其价值也在不断地提高。

4.5 游戏美术设计师

在游戏研发制作中所用到的所有图像及视觉元素被称为游戏美术。简单地解释，一切在游戏中能看到的画面都属于游戏美术的范畴，例如界面、人物、特效、动画、动物、植物、建筑、地形等。游戏美术是CG艺术的一个分支，而游戏美术设计师就是专攻于游戏美术的专业人才，游戏美术设计师需要有一定的美术基础，并且熟悉并精通各种绘图软件。游戏美术设计师通过各种绘图软件、二维、三维软件和游戏引擎以及绘画技巧来完成游戏美术制作。在游戏制作公司的研发团队中，游戏美术部门根据职能将游戏美术分成几个部分，共同负责游戏中所有的美术设计与制作。因此，一个完整的游戏作品需要各个不同岗位的美术师共同合作完成。按照游戏制作流程以及技能差异游戏美术有原画设定、3D制作、动画制作、关卡地图编辑、界面设计等岗位。

游戏美术设计师主要是指游戏行业内专门从事游戏美术设计的工作人员，也被称为游戏美工（图4-8）。为游戏制作出与其主题匹配的华丽视觉效果是他们的工作目标。因游戏美术制作工作量极大而且非常复杂，一般人不可能胜任全部的设计流程，所以游戏公司会根据不同的制作阶段和内容设置不同的岗位，使每一位员工都能够专注于某个领域发挥自己的特长。这些岗位的工作包括游戏角色原画绘制、游戏场景原画绘制、角色3D制作、场景3D制作、角色动画制作、游戏特效制作、2D平面及游戏界面制作等。

4.5.1 2D 美术设计师

在游戏美术团队中负责平面美术元素制作的人员被称为2D美术设计师，它是游戏美术团队中不可或缺的职位，无论是2D游戏项目还是3D游戏项目，都必须要有2D美术设计师参与其中。一切与2D美术相关的工作都属于二维美术设计师的工作范畴，所以严格地说，游戏原画设计师、UI界面设计师也是二维美术设计师。

一般情况下，2D美术设计师要根据策划的文案或者游戏原画设定对游戏进行制作。在2D游戏项目中，二维美术设计师主要负责制作游戏中各种美术元素，包括游戏平面场景、游戏地图、游戏角色形象以及游戏中的各种2D素材。2D游戏中的角色行走、奔跑、攻击等动作主要是利用关键帧动画制作的，2D美术设计师要分别绘制出角色每一帧的动作图，然后连续播放就实现了角色的运动效果，2D美术设计师要绘制所有动画序列中的每一个关键帧的角色素材图。3D游戏项目中的二维美术设计师主要负责平面地图、角色平面头像以及各种模型贴图的绘制工作（图4-9）。

4.5.2 游戏原画设计师

游戏原画设计师是指在游戏研发阶段负责游戏美术原画设计的人员，要求设计师有素描基础和色彩基础，其可以在工作实践中逐步晋升为游戏概念设计师。在游戏美术元素制作过程中，原画设计师要根据策划的文案描述进行原画设定。原画设定是对游戏整体美术风格的设定和对游戏中所有美术元素的绘制，按类型划分游戏原画又分为概念类原画设定和制作类原画设定。游戏原画分为场景原画、设定原画、CG封面原画。游戏场景原画是按照游戏文本设定的场景内容或自己拟定创作的内容，从原画设计师的理解出发，绘制出符合项目的游戏场景的创作绘画。游戏设定原画是按照文本内容或者个人想象对人物、装备、武器、补给品、植物、怪兽进行绘制，设计出符合项目要求的游戏原画。游戏CG封面原画也简称为宣传图（图4-10），是以游戏文本或者原画的设定为基础，创作出形象生动的游戏宣传封面。

图 4-9 2D 美术设计师工作案例（角色设定）

图 4-10 2D 美术设计师工作案例（宣传图）

4.5.3 UI 设计师

用户界面（User Interface，简称 UI）设计是指对软件的人机交互、操作逻辑、界面美观的整体设计。UI设计也是游戏2D美术设计中必不可少的工作内容，设计界面能让游戏系统和玩家进行互动娱乐。一个UI设计师应该具备的基本能力有：UI设计能力（平面设计制作能力、2D绘制能力、交互设计能力）、沟通协调能力、技术规范能力、动效设计能力（软件操作能力、基础的程序逻辑能力）、市场判断能力（对新潮设计的判断及审美设计）、研发流程经验（对研发流程的了解及对研发期限的把握）以及有一定的美术功底和审美能力。UI设计师的主要职责是对游戏画面中的各种界面、窗口、图标、角色头像、游戏字体等美术元素进行设计和制作，使游戏画面变得有个性、有风格、有品位，使游戏的操作和人机交互过程变得舒适、简单、自由。（图4-11、图4-12）

4.5.4 3D 美术设计师

3D美术设计师是游戏美术制作团队中负责3D美术元素制作的人员，同时也是3D游戏开发团队中的核心制作人员。在游戏项目中，3D美术设计师主要负责各种3D模型和角色动画的制作等，包括3D场景模型、3D角色模型及各种游戏道具模型等。3D美术设计师不仅要熟练掌握各种复杂的制作软件，也要有极强的美术塑形能力。在国外，专业的3D美术师大多是雕塑专业或建筑专业出身。除此之外，游戏3D美术设计师还需要有物理学、生物学、历史学等学科的知识储备。在游戏制作的前期，3D美术设计师需要提供大量基础3D模型等游戏Demo的制作，因此该岗位的人员需求量特别大，其也被称为3D模型师。除了模型师之外，还包括3D动画师，动画主要是指游戏中实际应用的动画内容，包括角色动作和场景动画等，并不是指游戏片头动画或过场动画等预渲染动画内容的制作。3D动画师的工作就是负责每个独立动作的调节和制作，例如角色跑步、走路、挥剑、施放法术等动作。场景动画主要指游戏场景中需要应用的动画内容，比如流水、落叶、雾气、火焰等环境氛围动画，还包括场景中指定物体的动画效果，例如门的开闭、宝箱的开启、触发机关等。

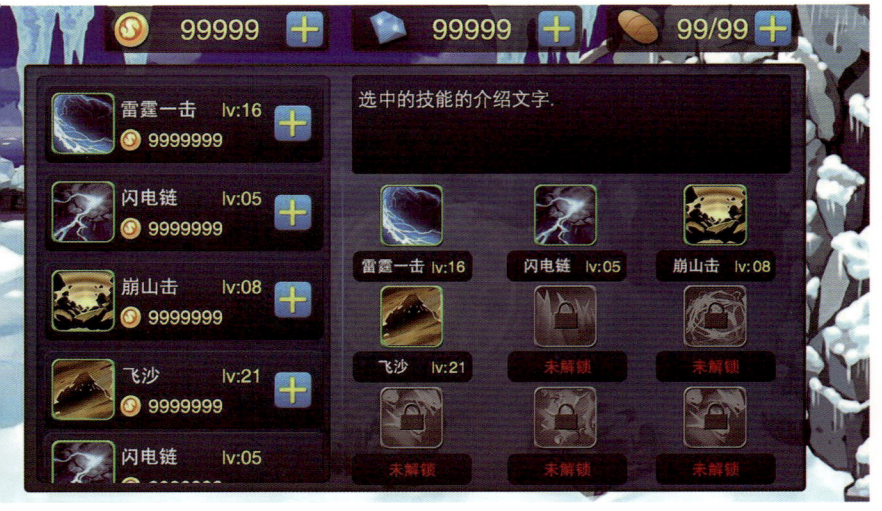

图 4-11 UI 设计 1

图 4-12 UI 设计 2

图 4-13 3D 角色设计师工作案例

4.5.5 3D 角色设计师

游戏角色是游戏最重要的组成部分之一，因此游戏中主角的制作尤为重要。3D角色设计师根据原画设计师绘制的角色三视图和详细的解释说明进行建模。在制作的时候，3D角色设计师需要与原画设计师交流，解决角色制作中产生的疑问（图4-13）。

4.5.6 游戏场景设计师

场景设计师根据游戏策划案中的故事背景（年代、社会、游戏主题等）和游戏风格进行游戏场景绘制。在日常生活中，游戏场景设计师不仅要学会观察生活、感受生活，还需要掌握游戏场景元素设计理念和不同风格游戏的制作方法。在工作时，游戏场景设计师会遇到许多其他方面的专业知识，比如场景中需要制作一座城市，此时就需要对建筑、城市进行合理布局针对下水道的布置等方面进行研究。又比如，游戏场景设计师需要制作一个室内大殿，那么就需要对大殿的历史背景、陈设布置、建筑结构、装饰品进行详细了解。2D场景制作对设计师的美术基础手绘能力要求较高，而3D场景制作则对设计师的美术基本功要求没那么高，只需熟练运用3D建模软件即可（图4-14、图4-15）。

4.5.7 游戏动画师

根据游戏开发的流程，在完成角色的模型结构制作后，游戏动画设计师就要开始为其进行骨骼设置，即设计角色走、跑、发动攻击等一系列动作，赋予其生命。游戏动画师最基本的专业素养就是让角色动作在游戏中自然协调、漂亮。游戏动画师需要掌握基本的运动规律，以保证设计出的动作流畅、连贯、协调。若提供的原画是很奇怪的生物或者奇形怪状的物体，那么就需要动画师在原画的基础上发挥自己的想象了。许多优秀的动画设计师都有舞蹈、体育的专业背景，是因为游戏动画师这个行业对肢体的协调性要求非常高，有这些专业背景的设计师比没有这些专业背景的设计师更加容易设计出优美流畅的角色动作。

4.5.8 游戏特效师

游戏产品除了最基础的互动娱乐体验之外，整体的声光视觉效果也是一项非常重要的内容。在游戏中我们所看见的游戏人物的技能、炸弹的烟雾、燃烧的火苗、水流的质感等炫酷的效果都属于游戏特效的范畴，这些都是由游戏特效师制作出来的。首先，游戏特效师的基本职业素养就是要求掌握多种软件，例如PS、3DS Max等。在整个游戏行业中，游戏特效师需要掌握的软件是最全面的。其次，游戏特效师需要有较高的审美能力，而审美能力的高低是其在不同项目产品的实践中所累积的经验。游戏特效师主要负责游戏的光影视觉效果，包括角色技能、刀光剑影、场景光效、火焰闪电等。在游戏美术制作团队中游戏特效师的工作职能有一定的特殊性，既不能将其归类于二维美术设计人员，也不能将其归类于三维美术设计人员。游戏特效的设计和制作同时涉及二维和三维美术设计两个方面，因此游戏特效可分为2D特效、3D特效两大类。目前，在中国游戏行业中，游戏特效师岗位比较紧缺（图4-16）。

4.5.9 地图编辑美术师

地图编辑美术师是指利用游戏引擎地图编辑器来编辑与制作游戏地图场景的美术制作人员，也被称为地编设计师。游戏引擎编辑器不仅可以帮助我们制作地形和山脉，还能做出三维软件中比较难实现的效果，例如：水面、天空、大气、光效等。尤其是野外游戏场景的制作，只需要利用三维软件来制作独立的模型元素，其余大部分的场景工作任务都可以通过游戏引擎地图编辑器进行整合和制作，而负责这部分工作的就是地图编辑美术师。地图编辑美术师利用游戏引擎地图编辑器制作游戏地图场景，内容主要包括场景地形地表的编辑和制作，场景模型元素的添加和导入，游戏场景环境效果的设置（日光、大气、天空、水面等），游戏场景灯光效果的添加和设置、游戏场景特效的添加与设置，游戏场景物体效果的设置。在实际三维游戏项目的制作中，利用游戏引擎编辑器制作游戏场景的第一步就是创建场景地形，场景地形是游戏场景制作和整合的基础，它为三维虚拟空间搭建了具象的平台，所有的场景美术元素都要依托于这个平台来进行编辑和整合。因此，地图编辑美术师在3D

图 4-14 2D 游戏场景设计

图 4-15 3D 游戏场景设计

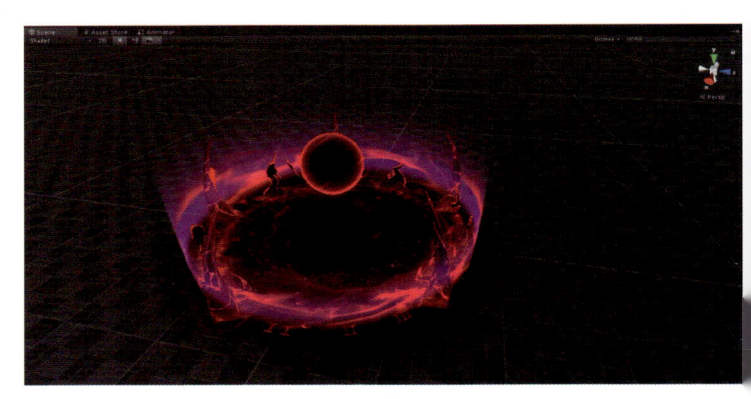

图 4-16 游戏特效师工作案例

游戏开发中是不可取代的，一个出色的地图编辑美术师需要对自然环境和地理知识有一个深入的认识和了解，并掌握三维场景制作的知识和技能（图4-17）。

4.6 游戏测试员

随着游戏市场的发展壮大，一个新型行业——游戏测试员（图4-18）诞生，其工作者大多为着迷于电脑、网络、电视游戏的人。一名优秀的游戏测试员需要熟悉游戏测试流程并对测试理论有深刻的理解；有丰富的游戏经验且对游戏有独特的见解；有较强的逻辑分析能力；能够很快地接受新的技术测试技巧；有良好的文字能力和理解能力，善于书写测试报告书；能够在规定时间内完成任务，承受巨大压力；具有较强的合作沟通和协调能力；对计算机代码有一定的了解，最重要的是要有强烈的责任心和敬业精神。

游戏测试员主要的工作内容：负责测试公司新的游戏产品、制定测试策略、检测游戏漏洞、评估游戏风险、书写测试报告书。简而言之，就是对游戏中出现的问题进行分析，对游戏整体功能进行综合评价。

4.7 游戏运营师

游戏运营是指通过运作游戏产品来达到让用户从认识到了解，再到实际上线操作，最终成为忠实玩家的目的。简单地说，就是将一款成熟的游戏推向市场。游戏运营师必须要具备一定的营销手段，来达到提高游戏在线人数、刺激消费、增长利润的效果。游戏运营师要熟悉运营游戏产品并对游戏产品有深入的了解、熟悉网络游戏市场、善于分析玩家的心理、理性整理分析收集到的数据、思维较为新颖活跃并且热爱游戏行业、具有一定的文字表达能力。

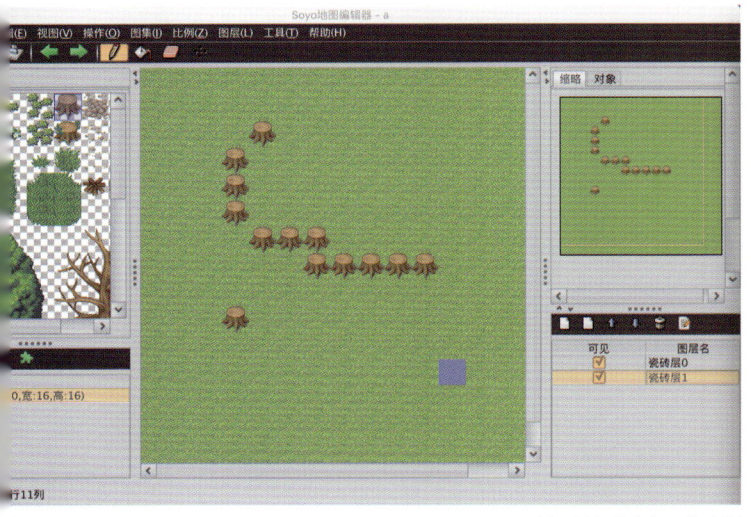

图4-17 地图编辑美术师工作案例

图4-18 游戏测试员

大多数人对游戏运营师的理解都还停留在游戏市场规划部分。实际上，要运营一款游戏需要具备以下内容：

4.7.1 系统准备（硬件、软件）

最基本的硬件准备是服务器，软件准备包括服务器中操作系统与SQL数据库软件的安装、游戏客户端的准备、服务器终端软件准备等。

4.7.2 官网建设

官方网站是运营商与玩家面对面交流的重要渠道之一，玩家可以通过官方网站来了解最新的游戏资讯、下载游戏、搜寻资料等。另外，官网一般设置有论坛，供玩家在论坛中交流互动（图4-19）。

4.7.3 软文宣传

软文也称为"文字广告"，一篇好的软文既可以起到宣传作用，又能够帮助玩家了解游戏的相关信息。软文发布一般分为官网软文与媒体软文两种。官网软文发布主要针对现有的玩家进行宣传，而媒体软文发布则是在针对现有的玩家进行宣传的同时吸引新的玩家进入游戏。软文按类型划分又可以分为：事务新闻、官方公告、系统公告、活动公告、客服公告、公关新闻等。

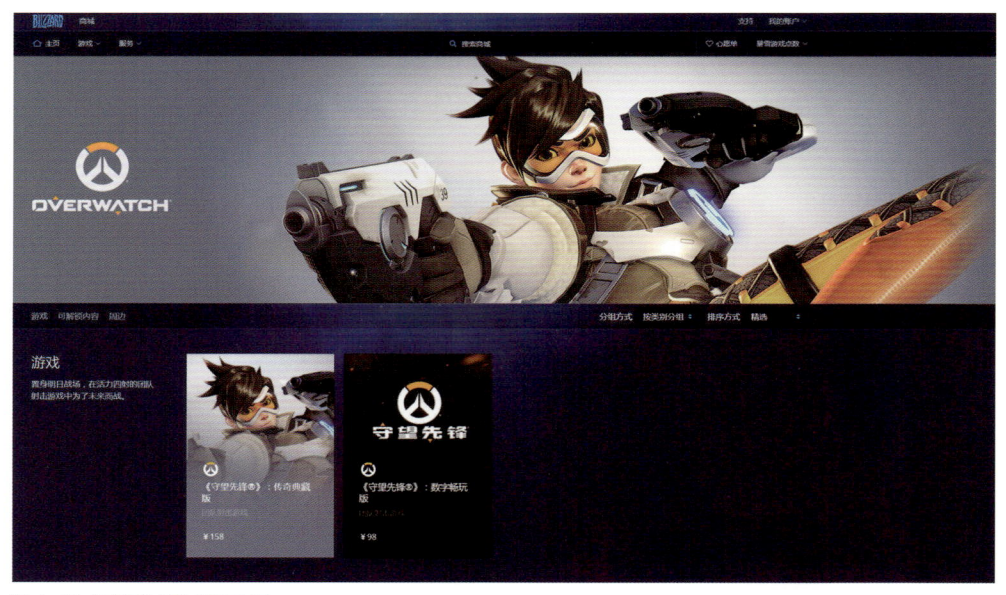

图 4-19《守望先锋》游戏官网

4.7.4 广告

广告可以分为网媒广告、平媒广告及电视广告和公众广告等。网媒广告主要是以网络媒体、官网、软件等为媒介投放的广告；平媒广告主要是以杂志、报纸等平面媒体为媒介投放的广告；电视广告，顾名思义就是在电视节目中插播广告；公众广告主要指的是在车身、商场、广告牌等公共娱乐场所发布广告。除此之外，电子邮箱也是一种向玩家发布广告的途径。

4.7.5 活动

一般分为线上活动和线下活动。线上活动就是在游戏中进行活动，主要由游戏开发商来操控，可以是新策划的活动，也可以是游戏本身固有的活动；线下活动主要指的是通过论坛、网站发布，或在软件店、网吧等场所进行的与玩家互动的活动（图4-20）。

4.7.6 地面推广

地面推广简称地推，主要是指通过在玩家比较集中的场所张贴海报、组织网吧活动、发送传单、安装客户端等方式进行宣传，这些场所包括网吧、学校、软件店等。当前流行的分区运营也可以进行地面推广宣传。

4.7.7 客服体系

客服一般可以分为电话客服、论坛客服与线上客服三种。

4.7.8 渠道

渠道具体可分为实体卡渠道、虚拟卡渠道和电信增值业务三种类型。一般情况下，大型网络游戏公司会构建实体卡渠道，如网易、腾讯、盛大、完美世界等游戏公司。其中，盛大游戏公司就是通过对传统渠道的突破，用点卡直接打入网吧系统，为后来的《传奇》等游戏奠定了基础。中小型公司则主要是通过与大型渠道商合作来达到渠道铺货的目的，如连邦、晶合、骏网等。虚拟卡渠道，主要是通过售卡平台来实现，如官网、第三方平台以及线上购买等。电信增值业务是指通过与电信、联通、移动、网通等电信商的电话短信业务合作来实现购卡。

4.7.9 异业合作

异业合作是指通过与不同行业的商家进行合作来达到宣传的目的。异业合作的方式丰富多样，可合作的行业也很多。根据不同游戏类型，游戏运营选择的合作商也不同。常见的合作方式有：游戏运营商会在方便面、饮料、零食等食品包装上印上游戏人物及新手卡号或抽奖、游戏授权玩具徽章等。

4.7.10 策略结盟

游戏产品与结盟产品有基本相同的认知度，并且有相似的用户群。其目的在于，通过双方的产品运营、行销互推来达到共同盈利，例如游戏《魔兽世界》与可口可乐的合作就属于策略结盟。运营的高级阶段就是策略结盟，同样明星代言也可以称作策略结盟的一种，通过明星代言可以提高产品的知名度，也可以为游戏做宣传，运营方与明星互利共赢。

游戏运营涉及多个层面的知识，缺一不可，远没有我们想象的那么简单。游戏运营就像一桶水，水永远停留在最短的那一块木板处，因此，想要运营一款游戏就必须面面俱到。如果游戏的"灵魂"是游戏主策划，那么游戏的"大脑"则是产品经理，只有"大脑"和"灵魂"完美配合，游戏才能变成一个整体，才能够在众多游戏中立于不败之地。

图 4-20《英雄联盟》网吧活动案例

教学导引

小结：

本章对游戏制作团队的构成及其职能进行了论述。通过对本章的学习，学生可以对游戏制作团队中成员的构成及不同成员所肩负的职责有一个全面的认知；对数字游戏制作有深入的理解，为游戏的制作打下坚实的基础；学生通过对不同岗位的职责与要求进行了解，可以更好地明确未来的学习方向。

课后练习：

1. 选择两款不同类型的游戏，对比分析某一职能在这两款游戏中发挥的作用，如在《英雄联盟》与《刺客信条》这两款游戏中，游戏运营师如何进行有针对性的运营推广。

2. 选择市面上的1~2款游戏，分析美术岗位在该游戏中所发挥的作用。

第五章
数字游戏的制作流程、发行及维护

数字游戏制作流程的意义
数字游戏的制作流程
数字游戏的发行
数字游戏的维护

> **重点：**
> 了解并梳理数字游戏制作流程的意义；掌握数字游戏制作具体流程和步骤。
>
> **难点：**
> 了解游戏制作流程的基本概念，熟悉数字游戏的具体制作流程，能够对设计流程和制作流程进行区分。

5.1 数字游戏制作流程的意义

经过几十年的发展，数字游戏已经具备了一套相对成熟的制作流程，形成了比较系统的工作程序（图5-1）。投资者只需要提出自己的需求，这个系统就能生成并制作出一个完整的游戏产品。游戏的制作流程是一个复杂的系统，是通过个人价值创造公司价值，最终获得市场价值。游戏正常的生产过程被称为游戏的制作流程，它具有逻辑性、系统性，在制作流程中每一个阶段都有一定的意义。游戏制作过程中所涉及的每一个部门都具有一定的价值，一款游戏的诞生是许多部门共同努力的结果。通过合理的安排完成每一项任务，最终组成一个完整的流程。游戏制作流程主要是指从游戏最初的设计到游戏的制作，再到上线运营。按照制作流程工作的先后顺序，主要内容包括游戏企划、游戏策划、游戏制作、游戏发行、游戏维护。在制作前需要对游戏进行宏观设计，然后再一步一步地细化，因此游戏制作流程也是从宏观到微观的过程。

游戏的制作流程按照不同的功能进行划分，在过程中的每一项都有其存在的意义和价值，我们只有了解每一个阶段的功能和作用，才能真正地了解游戏制作流程的意义。

5.1.1 游戏企划

游戏企划（图5-2）的工作是选定可行的方案，有效地运用游戏公司的有限资源，解决问题或达成目标。在游戏公司开发游戏之前，游戏企划要发挥引领和规划的作用，并且还要参与到游戏的制作与发行环节中去，包括对游戏市场效果的预测，游戏企划贯穿了整个游戏的制作和发展。

游戏企划是一个战略系统，最主要的内容有四点：第一，市场调研；第二，市场定位；第三，战略规划；第四，品牌文化。其中制定游戏公司发展战略规划是游戏企划的核心。

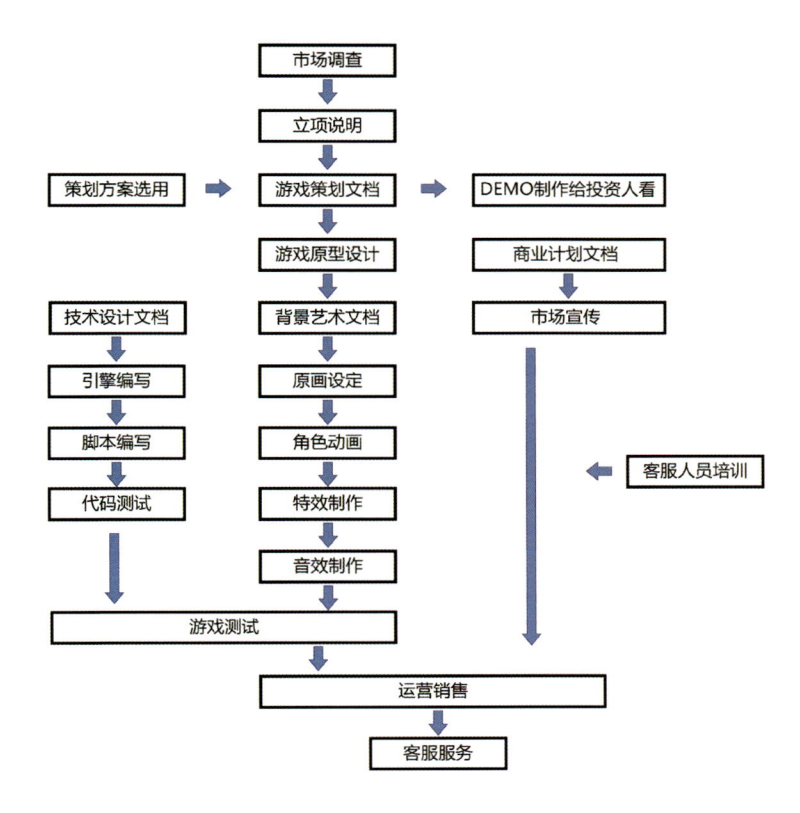

图 5-1 数字游戏制作流程图

第一，市场调研。市场调研是指将消费者、公共部门与市场联系起来的一种特定活动，是运用科学的方法，有组织、有计划系统、全面、准确、及时地收集、整理和分析市场现象的各种活动资料。盈利是每一家企业和公司的最终目的，因此游戏产品的市场占有率是衡量游戏公司核心竞争力的标准。游戏公司要想生存和发展，必须获得玩家的支持，所以游戏公司既要开发优质的游戏产品，还要不断对市场进行调研，进而不断调整战略目标。企划部门的主要任务是了解行业发展现状和趋势，所以市场调研是游戏企划的一个部分。通过市场调研，游戏企划部门能够了解到玩家的喜好，明确市场需求，确定游戏的研发方向，从而对公司的发展进行规划，制作出符合游戏市场规律的游戏。游戏企划要站在全局的角度分析问题，不仅要及时反馈市场研究成果，还要确定更长远的发展目标，并且对游戏公司的营销决策提出建设性的意见。游戏企划部门在结合公司自身的营销现状的基础上，还要调查市场现状，坚决制止不符合公司长远利益的做法，最大限度地保证公司的长足发展。（图5-3）

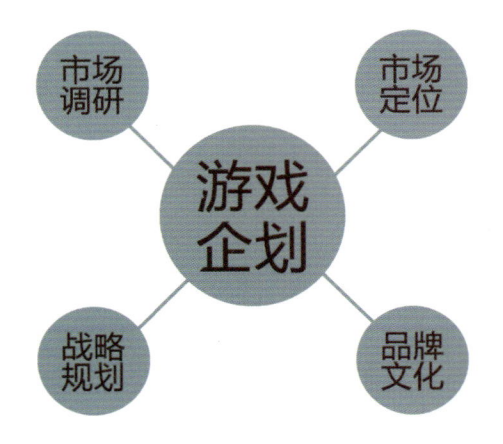

图 5-2 游戏企划

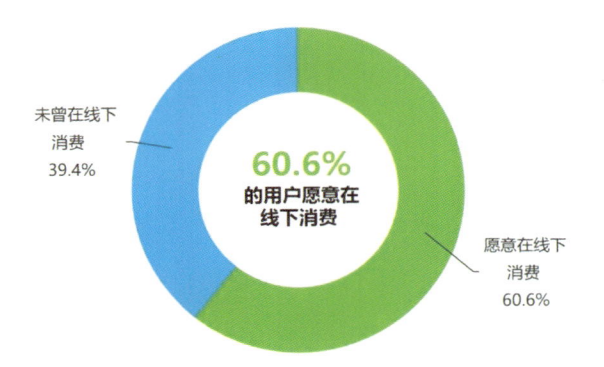

图 5-3 2019 年中国电竞用户线下消费市场调研

63

第二，市场定位。为了给目标消费者留下深刻的印象，游戏公司会对同类型游戏做市场调研，分析消费者的喜好，不断优化自己的产品，以满足目标消费者的需求。市场定位的本质就是使游戏产品在目标消费者的心目中占有清晰、特别、理想的位置。通过市场调研或者其他方式来获得游戏公司所需要的信息，再对这些信息进行整合分析并即时反馈到游戏公司，游戏公司再根据反馈信息，了解其他游戏公司的游戏产品的市场占有率真，从而了解到玩家或消费者对某种游戏产品的某种特征或内容风格的喜爱程度。企划部门根据玩家的喜好和市场的需求进行市场定位，确定公司的游戏产品的风格和类型，分析出本公司在未来可能要发展的方向，以及确定在游戏市场中的位置。市场定位有利于树立企业形象和品牌形象，有利于提高产品的知名度和美誉度。市场定位是企业整合营销企划的基础，是企业获取核心竞争力的基本手段。市场定位有助于企业建立并完善各级市场，以降低经营风险，从而确保长期战略目标的实现。例如，腾讯出品的《王者荣耀》（图5-4）和《QQ飞车》（图5-5）的市场定位为"大众化"，因此游戏画风符合大众审美，游戏运行对电脑配置要求较低。暴雪娱乐出品的《魔兽世界》（图5-6）和《炉石传说》（图5-7）的市场定位为"中高端"，因此游戏画风精美，游戏运行对电脑配置要求较高。

图 5-4《王者荣耀》游戏画面

图 5-5《QQ飞车》游戏画面

图 5-6《魔兽世界》游戏画面

图 5-7《炉石传说》游戏画面

图 5-8 腾讯游戏品牌 logo 及标语

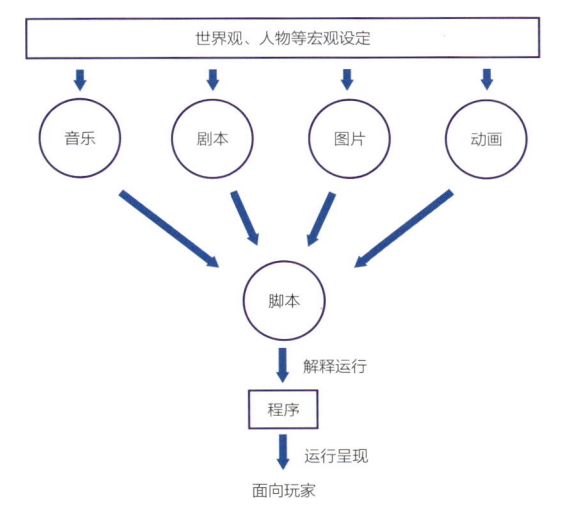

图 5-9 游戏策划

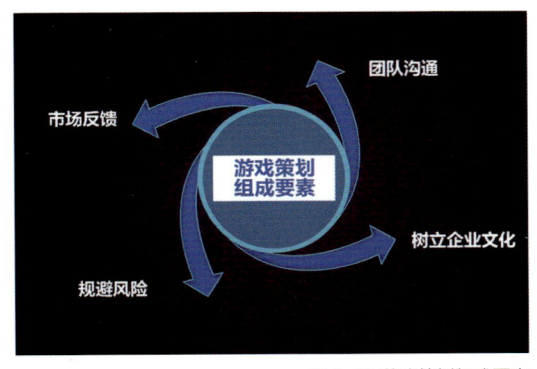

图 5-10 游戏策划组成要素

第三，战略规划。战略规划是指游戏公司制定长期的目标和计划并付诸行动。企划部门通过对市场进行科学分析之后，与游戏公司内部其他部门进行沟通和交流，制定长远的战略目标，并且全公司对战略规划达成共识，将具体的计划付诸行动。在战略规划中对有可能发生的情况做好应急预案，以便公司从容地应对困难和市场变化，这有利于提高公司的风险控制能力和市场应变能力，增强竞争力，最终实现长远发展。

第四，品牌文化。品牌文化是指企业通过赋予品牌深刻而丰富的文化含义，打造鲜明形象的品牌战略定位策略，创造品牌信仰、形成品牌忠诚，并利用各种有效的宣传使消费者对品牌的文化含义高度认同。随着社会的不断进步和人们物质生活水平的提高，大部分消费者对物质的需求已经得到满足，而对精神文化方面的需求则日益增强，消费者试图通过消费展现自己的文化追求。品牌文化有效地将企业品牌理念传递给消费者，因此品牌文化的营造深刻地影响着消费者的购买欲望。品牌文化的核心是文化内涵，为了能增强竞争力，以便更好地生存和发展，游戏公司必须塑造自己的品牌文化。（图5-8）

除此之外，游戏企划还包括游戏公司的营销管理、游戏推广，以及与上级部门、行业媒体、相关协会的交流，配合完成公司形象的塑造和推广宣传工作等。

5.1.2 游戏策划

为公司的发展制定目标是游戏企划的主要任务，而游戏策划则是根据制定的目标，做出相应的计划与安排，将每一项由游戏企划提出的内容转化为切实可行的策划方案（图5-9），并且安排相关的工作人员执行。通常情况下，游戏策划有两层含义，一个是游戏开发中的组成要素（图5-10），另一个是担任策划职位的工作人员，为了对其进行区分我们将该职位的工作人员称为"游戏策划师"。

游戏策划既要与游戏企划进行沟通交流，明确公司的发展方向，还需要对负责具体工作的员工进行安排和指导，传达上层的思想和指派任务，因此游戏策划具有承上启下的作用。游戏策划明确了公司各个发展阶段各部门的职能，工作内容涵盖了整个公司各个等级员工的工作内容，还要安排游戏产品的规划、制作、上线以及后期的运营等工作。

一款成功的游戏，除了要有较高的游戏质量，还需要对市场进行分析和对产品的宣传推广，因此游戏策划可以宏观地分为市场策划和游戏产品策划。

市场策划的最终目的是盈利，利用科学的思维和方法对游戏产品的销售系统进行设计与谋划，以求获得最佳的市场效果。在游戏制作过程中，游戏公司需要对市场进行调研，通过科学的思维方式分析调研结果，并预测游戏上线后在市场中影响力和收益，确定一款游戏制作的可行性。市场策划还需要进行市场营销，根据市场环境对游戏产品进行宣传和推广，对游戏产品进行软包装，树立产品形象以及公司形象，这是决定一款游戏成功与否的重要因素。

游戏产品策划是指相应的策划师对各团队的工作进行计划与指导。游戏的制作过程复杂而烦琐，需要程序、美术、音效等多个团队协作完成。游戏策划工作涉及方面众多，包括整体协调和管理、游戏场景设计以及任务流程安排，设定游戏关卡难度，游戏规则制定、系统策划、程序设计，游戏平衡性协调，构建游戏的世界观和价值观以及主线与支线任务设计，脚本程序编写。各个策划分工明确，相互协调。游戏产品策划将游戏制作过程中每一步的工作计划都安排得清晰明了，并且参与到游戏的制作过程中，把握游戏制作的进度。综合各方因素，游戏策划是整个游戏中至关重要的一环，如图5-11所示。

5.1.3 游戏制作

游戏企划为保证公司的长久发展制定了合理的发展战略和发展模块，明确了公司未来的规划和目标。游戏策划则根据企划的发展方向和战略规划制定切实可行的实施方案，将任务与计划下发到制作团队。游戏制作则是将公司发展战略具体化，是实践游戏企划和策划的重要过程，是提高公司竞争力的必要因素。游戏制作能够根据策划传达的思想和指令完成工作任务，最终制作出完整的游戏产品，为游戏公司带来收益，促进游戏公司长久发展。游戏制作是游戏制作流程中不可或缺的重要环节，能够将公司的文化思想植入游戏产品中，以塑造游戏公司的品牌文化，进而增强公司的竞争力。高效的游戏制作能够增强员工的自信心和积极性，形成良好的工作氛围和公司形象。制作出多种类型与层次的游戏产品，不仅能够增强市场竞争力，还能完善游戏市场并推动游戏产业的发展。

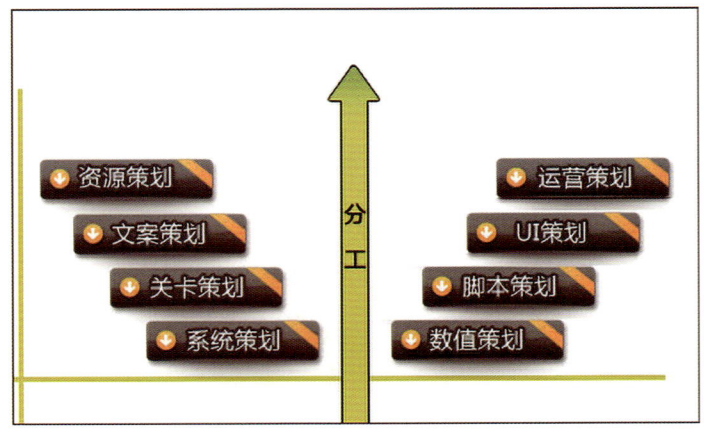

图 5-11 游戏产品策划分工

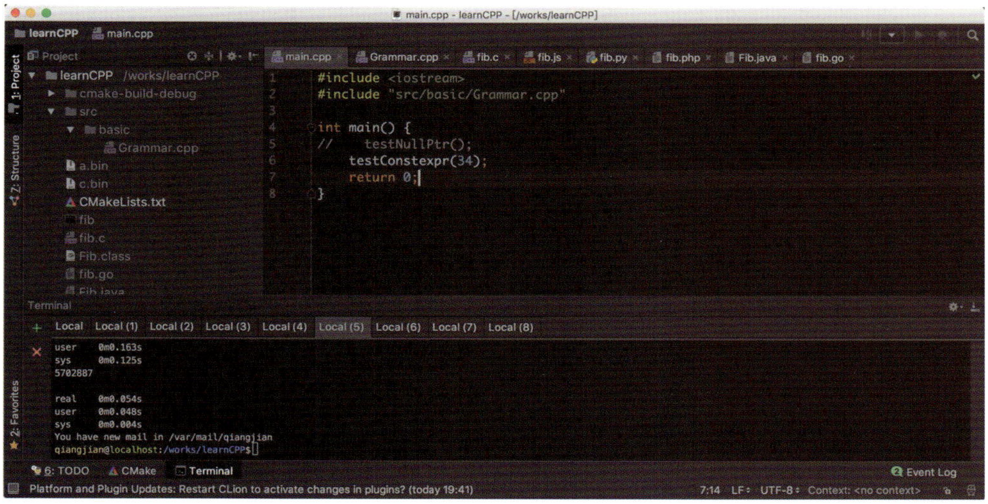

图 5-12 程序编程界面

　　游戏制作主要由策划、程序、美术、音效、测试等部门合作完成。

　　策划是游戏制作的重要环节，而策划师的主要任务是在游戏产品制作之前进行游戏设计并在制作过程中协调管理制作团队。根据公司的要求，策划师在游戏制作前要根据前期的调研明确游戏制作方向，设计出所需要的游戏类型和内容。程序、美术、音效、测试等各部门，都有对应负责的策划师。主策划根据游戏公司的要求设计游戏的剧情、场景、任务、关卡、技能、数值平衡等内容，并将设计任务传达给制作部门，同时对其进行指导。

　　程序主要是对游戏进行编程，是游戏的骨架，是运行一款游戏的基础。程序员不仅需要编写游戏的源代码，还要为策划提供剧情编辑器。程序员需要具备计算机、数学、系统编程等学科的知识，在游戏制作初期，程序员根据策划的要求制作出用于游戏设计的剧情编辑器和关卡编辑器等，为游戏设计提供便利，以提高策划的工作效率（图5-12）。

　　美术是游戏制作的另一个重要环节，因为美术直接影响整个游戏最终的视觉呈现。美术人员通过利用各种软件制作出游戏画面，包括地形、建筑、植物、人物、动物、动画、特效、界面等，负责不同任务的美术人员相互合作，才能制作出一套完整的游戏美术。因此，从宏观的角度分析，游戏美术设计师可以分为概念原画设计师、角色原画设计师、场景原画设计师、3D美术设计师、特效设计师以及UI设计师。

　　音效是指根据策划的要求，由音频师、作曲家、配音演员创作出符合游戏风格的背景音乐及音效。音效是游戏不可缺少的部分，良好的游戏音效可以使玩家获得更强烈的感官刺激和沉浸式体验（图5-13）。

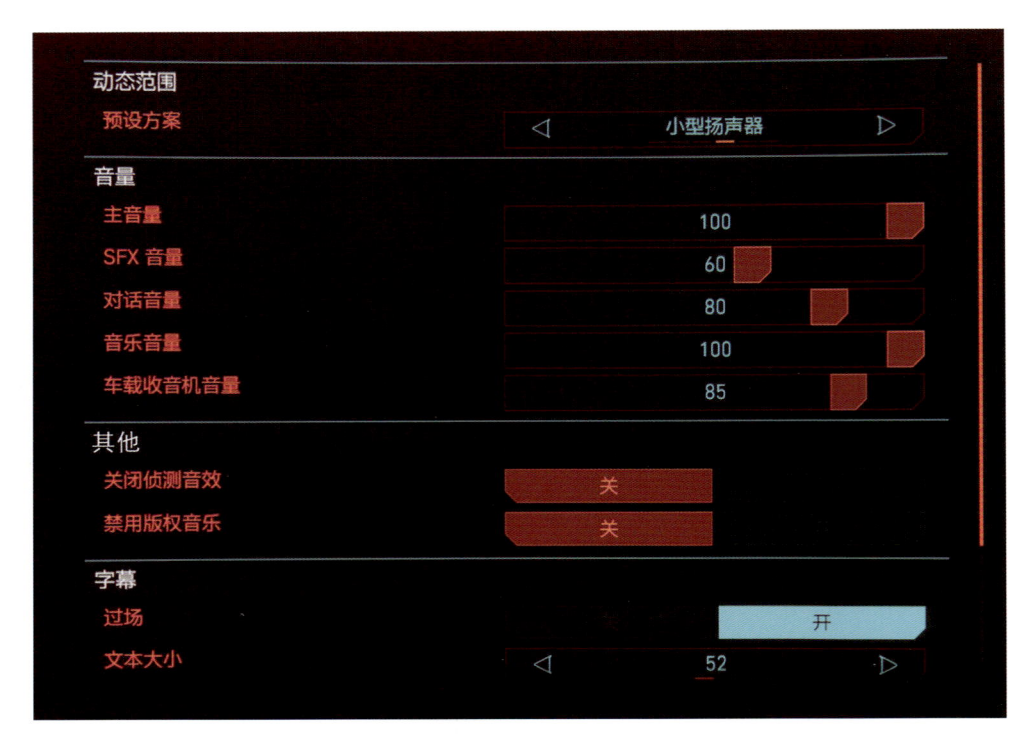

图5-13 《赛博朋克2077》游戏音效设置界面

测试是在游戏初步制作完成后进行的环节，一款游戏的制作工序非常复杂，需要不同部门相互配合完成，在制作过程中可能会产生很多失误，因此需要测试游戏是否存在问题。测试员会分别针对程序、美术、音效进行测试，并将问题反馈给开发人员进行修改，最终生成游戏后还需要测试人员进行玩法体验，站在玩家的角度体验分析游戏，找出其中的漏洞。目前，许多游戏在正式上线前都会先进行小规模的内测，对游戏漏洞进行修改。

5.1.4 游戏发行

游戏在制作完成后要面向市场、面向用户，并且需要专业人员对游戏产品进行运营。游戏发行包括游戏运营规划、市场宣传与推广、游戏上线、游戏反馈。游戏发行是将游戏产品投放市场，让更多玩家认识了解游戏产品，获得大量的游戏用户，能够承接企划的思想和策划的安排，合理地运营游戏产品，使其为游戏公司带来收益。游戏发行根据游戏企划的战略规划，在宣传推广时能够对游戏产品进行市场定位并且塑造品牌文化，进而提高市场竞争力。

游戏发行包括游戏宣传、游戏上线、游戏运营、游戏反馈、测试反馈。

游戏宣传，为了使游戏产品达到预期的效果，游戏公司的宣传部门在游戏上线之前就要开始通过各种方式来宣传、推广游戏产品。游戏宣传主要以品牌宣传、品牌推广为初衷，以打开游戏市场、扩大市场占有率为主要目的。在推广游戏产品的同时，也在塑造公司的品牌形象，可以通过网页广告、视频广告、杂志广告、网吧活动、平台推送等方式让玩家认识和

图 5-14 《剑侠情缘 3》广告宣传画面

了解游戏产品。精致的游戏广告画面会刺激玩家的视觉感受，让玩家产生想玩的冲动，以此吸引大批玩家（图 5-14）。

　　游戏上线是验证游戏企划、游戏策划、游戏制作工作成果的重要环节，是在游戏通过策划、制作、测试之后的环节，游戏公司将游戏产品正式推向市场，游戏产品开始发售获得盈利并且正式参与市场竞争，游戏公司根据前期的宣传力度和时机选择恰当时间将游戏上传到网络，或者与其他的游戏平台、手机应用平台相互合作共同发售游戏产品，游戏公司前期工作的最终目的是为公司带来盈利，提升市场的影响力。

　　游戏运营是游戏制作流程的重要一环，以往单机游戏是一次性销售，玩家购买游戏后与游戏发行商不再有联系，而游戏运营则将网络变成了长线收益，玩家和游戏发行商时刻产生互动。因为玩家要在网络世界中进行游戏，所以游戏公司要为玩家提供游戏服务。游戏运营负责从游戏制作到商业营销的所有环节，不仅要辅助游戏的技术运行，负责搭建服务器系统平台和对服务器进行日常维护，还需要与玩家进行交流沟通获得游戏反馈，树立公司的良好形象，不断吸收新用户，以获得盈利。

　　游戏反馈主要是对游戏中出现的问题进行反馈，针对问题与游戏研发商进行沟通调整。游戏反馈方式主要有测试反馈、客服反馈两种。

　　测试反馈是指游戏正式上线之前进行的首测、封测、内测、公测等测试活动。这时候主要是对游戏进行技术性测试，由玩家找出游戏的 Bug 进行反馈，来完善游戏，不过这时候只是针对部分玩家，反馈并不全面。客服反馈是指玩家通过电话客服、论坛客服与线上客服直接与公司员工进行沟通的方式的反馈，运营商对反馈的问题进行整理和分类，然后解决问题，玩家的需求能及时得到满足盈利就越大，同时也增加了市场竞争力。

5.1.5 游戏维护

游戏发行之后，日常管理和游戏维护（图5-15）是运营商一直要进行的工作，游戏维护主要包括紧急维护和日常维护两个方面。紧急维护是指服务器出现了硬件故障或者严重漏洞对游戏的正常运行产生影响时，程序员需要对服务器进行紧急维护。日常维护主要是对服务器进行定期的检查和维修，以保证玩家能够正常运行游戏，游戏服务器需要处理大量的数据，而过多的数据会使服务器反应速度降低，因此除了定期检查维修，还需日常维护，以便处理数据或者更新服务器，提高游戏运行速度。游戏维护不但能够保证游戏的正常运行，提高游戏的运行速度，还能不断地更新游戏画面和发布新的游戏活动，使游戏拥有更长的生命周期，为公司带来更好的收益。

游戏停服即游戏服务器暂时关闭，停服的原因很多，如定期维护，游戏生命周期结束、更新，增添、修改游戏中的项目等。游戏停服一般会在短时间内再次开启，游戏运营商会提前在官网、游戏首页等发布公告来告知玩家相关信息。

5.2 数字游戏制作的流程

数字游戏的制作是一个复杂的过程，要进行精心的策划和设计，需要多个部门在良好的协调管理下共同完成。随着游戏产业的不断发展，游戏公司已经制定了完整的开发流程，游戏制作的流程主要由前期的设计与决策、中期的研发与制作、后期的游戏测试三部分组成。（图5-16）

图5-15《少女前线》游戏日常维护公告

图5-16 游戏制作的主要流程

图 5-17 游戏角色三维模型制作过程

5.2.1 前期的设计与决策

游戏制作之初要确定游戏主题和风格。在这个阶段，首先需要设计师提出具有建设性的设计意见，然后对这些设计方案进行整合，设计方案通过后再由策划团队对设计方案进行细化，根据游戏主题和风格制定出切实可行的游戏策划方案，包括游戏美术、编程、测试等环节。其次，将游戏策划文档交给程序团队和美术团队，他们根据游戏策划文档要求和现有资源确定游戏是否能够开发。最后，分别编写技术规格说明书和美术规格说明书，反馈给策划团队审核。经过反复修改策划文档，设计文档全部通过后，最终明确游戏设计方案，确定游戏各个环节的设计并实现计划。

5.2.2 中期的研发与制作

这是游戏制作流程中周期最长的阶段。游戏的主要制作内容是创作游戏资源和编写游戏代码。确定设计方案后，程序团队开始创作开发工具，编写系统程序；美术团队开始概念设计，制作角色场景的原画；系统策划要继续进行游戏设计，包括创作游戏关卡、游戏对话等；总策划要根据策划文档给各个部门安排任务以及监管任务进度和质量，协调程序和美术部门之间的关系。（图5-17）

5.2.3 后期游戏测试

在完成上一阶段工作任务后，就需要对游戏进行测试。游戏测试主要分为内部测试和外部测试。由于内部测试范围较小，测试结果较为片面，因此还需要进行外部测试。外部测试是指在游戏通过了内部测试后，让部分资深玩家加入到产品测试或者限制性测试中，在规定时间内允许部分玩家进行游戏，对游戏提出意见。通常，这个阶段游戏不会出现过于严重的问题，但是会有许多影响用户体验的问题存在，这就需要玩家的反馈，策划团队与制作团队接到反馈经过协商后对游戏进行修改。

每一个部门都担负着自己的责任，需要全力以赴地完成工作任务。游戏制作流程按步骤划分可分为游戏决策与设计、关卡设计、游戏编程、游戏美术、品质把控、游戏测试六个部分。

5.2.1 游戏决策与设计

游戏决策与设计是游戏的灵魂，是游戏的核心竞争力。游戏决策与设计是指在游戏制作中对游戏各方面进行设计和决策，包括游戏制作方向、类型、主题、程序、美术等方面。游戏的制作是从一个创意的发散开始，创意是游戏产品制作流程中的重要环节，设计师不断提出多个概念性的创意，通过归纳总结将创意进行整合，使原来不成系统的创意变成完整、有条理的可行性创意方案，并且制定一份意向书，其中包括游戏故事、游戏主题、游戏内容、游戏市场分析、游戏制作人员、制作预算等内容。再将意向书交给公司管理者进行创意审核，然后由游戏策划团队对意向书的设计构想进行细分，根据游戏公司的实际水平制定策划文档，明确工作要求和方向。

游戏策划文档完成后，要分别交给游戏程序团队和游戏美术团队来确定方案的可实施性。程序团队对程序方案中的内容进一步细分和明确，确定游戏的功能是否能够实现，是否会存在较大的漏洞，系统软件是否能开发，是否使用第三方游戏引擎，以及考虑编程的质量和预算等问题。美术团队则根据策划方案分析并安排美术工作，分析可能涉及的游戏美术资源、人员的分工、美术制作的侧重点、是否用到三维动画、对游戏开发进行估算和美术质量的预测。最后，两个团队要分别编写技术规格说明书和美术规格说明书，进行技术审核和美术审核。如果没有通过审核就需要再次对策划方案进行修改，直到通过后再进入正式的开发阶段。策划文档方案、技术规格书、美术规格书都通过审核后，将整个游戏具体的制作方向和要求都确定下来，进而确定游戏的制作计划和决策。接下来，团队策划在主策划的协调安排下需要与程序、美术、测试等团队进行沟通，讲解设计方案及安排具体的工作任务。

5.2.2 关卡设计

游戏关卡设计是对游戏策划中每一个关卡进行设计，是将策划好的游戏框架转化为具体游戏内容的过程，是游戏内容具体实施的开始，它为游戏制作架起了一座桥梁。游戏关卡是对游戏策划方案的宏观设计，需要分析游戏的核心机制、游戏的基础和游戏结构等内容，根据分析结果构建整个游戏框架，将策划方案中的内容转化为具体的游戏制作设计方案，明确每一个关卡的位置、作用。

关卡设计主要的工作内容是通过场景设置、物品摆放、道具使用、机关触发等，对游戏的目标与任务进行合理的规划与组合，制作一系列完整的"游戏地图"。在"游戏地图"里，玩家通过完成一系列游戏地图任务来推进整个游戏。《超级马力欧兄弟》（图5-18）的游戏关卡设计就是一个典型的案例。

游戏关卡设计师通过功能关卡设计（图5-19）与视觉关卡设计（图5-20），完成对整个游戏内容的分配与规划和视觉效果的实施与表现。功能关卡是用示意图的方式表现关卡内容、关卡与关卡之间的连通方式以及设置剧情和关卡的节点。视觉关卡是功能关卡在游戏中的呈现形式，以图像的方式呈现功能关卡的内容，使玩家能够直观地根据游戏的提示完成功能关卡所设定的游戏任务。

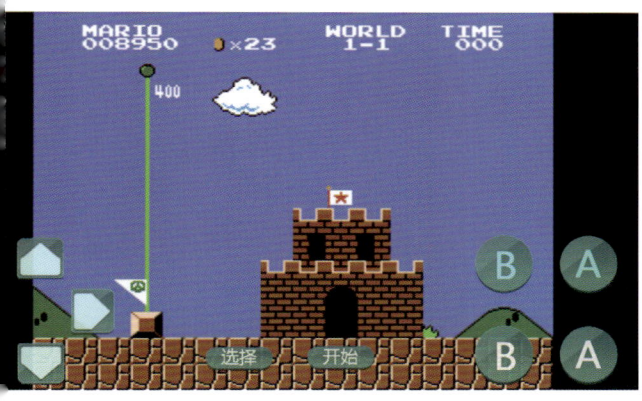

图 5-18 《超级马力欧兄弟》游戏画面

图 5-19 功能关卡设计

图 5-20 视觉关卡设计

5.2.3 游戏编程

数字游戏的制作就是采用信息运算的数字化技术进行开发，游戏编程是指利用计算机编程语言编写游戏运行的程序，游戏编程的主要目的是让玩家可以通过利用计算机发出指令进行游戏。常用的编程语言有C、C++、Java等。

游戏编程是一项对专业技能要求非常高的工作，不仅仅需要程序员具有丰富的计算机科学知识，熟练运用基本的数据结构、算法、数据流、线程及面向对象，还需要具备高等数学、游戏作品鉴赏、游戏创意与设计概论、游戏开发流程与引擎原理、游戏构架、游戏心理学等多方面的知识，这表明游戏编程（图5-21）是一项十分复杂且庞大的工作。

在编程前，编程团队需要根据策划团队给出的方案明确基本的工作要求和目标，其中包括开发语言、编译器、开发平台、基本构架等，程序团队要有针对性地对游戏产品进行编程。一款游戏具体的编程流程是：软件架构、系统开发、客户端开发、网络编程、程序安全。

1. 软件架构

软件架构是指导整个游戏系统的工作，指游戏程序的宏观构建计划和要求。因为游戏程序十分精致，而且过程烦琐、复杂，在开发过程中需要不断地给出逻辑判断，游戏编程一旦开始就难以更改，因此一个决策上的错误就有可能导致整个游戏软件开发失败，所以在制作游戏程序之前必须要经过慎重的分析和研究，制订相关的开发计划和总体架构，以保证软件质量，避免造成人力、物力的浪费。

软件架构是一个系统草图，是对游戏产品所需要的编程过程进行系统化的分析和设计，制定出构成系统的抽象组件，在实际制作过程中，会将抽象组件细化为实际的组件。软件架构主导系统全局的分析设计和实施，是游戏编程具体实施的总领和大纲，是游戏编程过程中所有工作的要求和标准，是游戏编程从整体到局部的最高层次的划分。软件体系架构是构建数字游戏实践的基础，因此软件构架是游戏编程的重要步骤。

73

2. 系统开发

系统开发是游戏编程中的核心部分，也是游戏的主程序，系统开发的主要任务是满足游戏功能的正常运行，游戏的运行是一个完整而系统的程序，因此必须针对游戏策划的要求对软件进行开发，程序员根据游戏架构说明书用指定的程序设计语言编写出相应的程序，它可以调用其他的功能模块程序。这个程序不仅具备了游戏产品的主要内容和功能，还具备商业游戏的基础功能，其中包括文件读写、数据记录、数据加密、数据库联机等。

目前，大部分游戏的开发方式是使用第三方引擎进行二次开发，或者购买编程包，在原有的编程上稍作改动或升级，就可以得到一个完整的游戏系统程序，这在很大程度上省去了系统程序的工作，提高了工作效率和准确率，但是依然需要程序员去分析和完成策划书中的游戏对象与数据内容模型，对游戏脚本进行编程。

3. 客户端开发

游戏客户端是指相对于游戏服务端的另一端，是为客户提供本地服务的程序。游戏的服务端是为游戏数据库服务的（图5-22），而客户端就是游戏数据使用端。客户端需要连接服务端为玩家提供服务（图5-23）。

4. 网络编程

在完成系统程序和客户端的开发后，游戏编程人员还需要解决数据延迟和数据同步的问题，许多网络游戏都会有多个玩家同时在线情况，因为多人游戏玩家要比电脑玩家更加灵活，游戏更具挑战性，在多人游戏中必须保证多台计算机同步反应游戏进度和内容，玩家才能够实时的互动。但是网络通信可能会出现延迟和卡顿，为了让游戏正常运行，程序员对重要的数据予以分解，设计条理清晰的算法，以求较顺畅的表现，并且把不重要的数据和运算，直接放在前台处理。同时，网络程序员还需要保证数据的可靠性，由于在网络传输的过程中部分数据会丢失，所以还要对网络安全进行把控。网络游戏本质上是一个分布式系统，

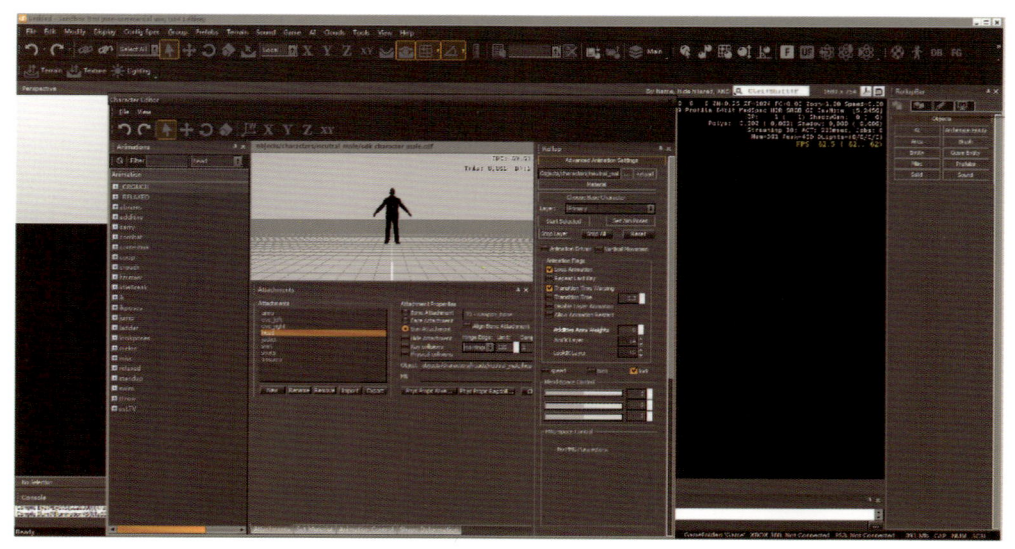

图 5-21《寒霜 3》游戏引擎的编程

图 5-22 服务端游戏数据储存设备

图 5-23 游戏《魔兽世界》客户端

这不仅仅针对服务器客户端而言。而规模较大的网络游戏，为了让更多的玩家同时在线，都采用了多层服务器架构。因此，在比较复杂的系统中，网络构建能够支持更多的玩家同时在线，能够保证网络数据传输，提高游戏的运行速度。

5. 程序安全

由于网络游戏的程序非常复杂且精细，很难保证程序没有任何问题和安全漏洞，部分玩家会针对这些问题，通过各种手段破解程序中精巧的加密算法或者协议进行非法改动。在游戏程序运行中，通常用户发送的任何信息都要通过服务器的验证，但是会有用户恶意发送超长数据，这会导致缓冲区溢出，引起服务器瘫痪，或者导致用户侵入游戏服务器，执行非法代码。因此，这就需要程序员对该漏洞进行修改，加固程序安全，防止程序再次被侵入。如果发现一个用户或者IP执行了大量非法操作，这表明有人正在试图侵入服务器，或者运行脚本。这就需要对该用户IP和账号进行处罚，并且程序员需要重新检查服务器，对程序中的不合理之处进行改动。

游戏运营商，需要一直不断对程序进行检测和保护，它是一项长期性工作。程序团队需要在游戏正式投入使用前对全部或部分功能进行检测，以确保该程序能按预定的方式正确运行，以避免出现程序安全问题。（图5-24）

图 5-24 代码安全测试

5.2.4 游戏美术

游戏美术是依靠计算机图像技术发展起来的，数字游戏的核心内容就是计算机图像技术。计算机图像技术的流变主要经历了像素图像时代、精细二维图像时代与三维图像时代三大发展阶段。游戏美术也遵循着这个规律经历了程序绘图时代、软件绘图时代与游戏引擎时代三个对应的阶段。随着电子软硬件技术的高速发展，游戏制作工序也变得愈发复杂。游戏美术工作量日益庞大，游戏美术工作的分工日益细化，原画设定、场景制作、角色制作、动画制作、特效制作等专业游戏美术岗位相继出现，并成为游戏图像开发不可或缺的重要岗位。（图5-25）

游戏美术团队接到策划文档后，由美术策划对文档进行分析并与美术人员进行沟通，根据游戏主题、类型、内容细分工作。针对具体的制作内容可将美术制作分为不同的组，每个组负责不同的任务，组内设定组长，组长不仅需要较强的流程控制和组协调能力，还要及时与策划沟通，明确制作方向和内容。游戏美术按制作流程可分为游戏原画设定、角色设计、场景设计、道具设计、UI（用户界面）设计、3D美术设计（图5-26）、游戏角色动画、游戏特效。

5.2.5 品质把控

在游戏的开发过程中，通常会出现一些异常问题和突发情况，进而对游戏的最终品质造成影响。因此，在开发过程中，需要有专门的人员对整个游戏进行品质把控。品质把控存在的意义就是确保游戏在开发过程中不会出现重大缺陷，以保证游戏品质达到预期效果。

负责品质把控的人员需要深入了解其所负责的游戏项目的制作流程，对每一个环节都要做出合理的规划安排，协调好整体的制作进度，并对影响到制作进度的问题进行及时修正，从而推进项目顺利进行。同时，一名优秀的品质把控人员也应当了解用户需求，从用户的角度对产品的游戏性进行深入的评估和分析，并撰写测评报告，向开发团队提供可行性的建议。

5.2.6 游戏测试

为了确保游戏的正常运行，需要在特定的模拟环境下针对某一技术或整个游戏进行系统检查，发现游戏产品中的不足，这就是游戏测试。游戏在发行之前，需要经过多次测试，在游戏基本无漏洞且游戏性合理的情况下，游戏产品才会正式投放到市场上中去。

游戏测试能够提高游戏质量。高质量的游戏能够吸引更多的玩家，增强游戏的市场竞争力获得盈利。游戏测试需要针对测试目标设定游戏的运行环境，提供测试游戏的资源，并且要把握测试的进度，制定合理的测试计划。同时，游戏测试还需要着重展示产品功能，这样可以快速、系统地对游戏问题进行测试。

图 5-25 游戏美术

图 5-26 3D 游戏角色模型

5.3 数字游戏的发行

游戏的发行是指游戏制作完成后为推动游戏的上线所开展的各种活动，其目的在于获得更高的利润。游戏发行是游戏制作流程重要的环节，是决定一款游戏成功与否的关键环节。游戏发行阶段需要考虑游戏如何才能在上线前获得玩家更多的关注，上线后迅速获得利润，以及保证游戏的持久盈利，不仅仅是指游戏的上线和面向市场。游戏发行主要包括游戏运营、游戏宣传、游戏反馈。

5.3.1 游戏运营

游戏运营是指与游戏产品生产和服务创造密切相关的各项管理工作的总称，具体分析，是对运营过程的计划、组织、实施和控制。从宏观的角度分析，游戏运营涵盖游戏的前期试玩、接入游戏、测试、上线、运营、游戏下线的全进程，为了使公司实现可持续发展，以管理为手段协调游戏公司各部门的工作。从微观的角度分析是指，游戏产品在制作和发行的过程中，为了吸引更多的玩家和获得更多的资金支持，对游戏产品进行的运作管理。首先，游戏的运营不仅仅要对游戏产品有一个全面的认识，了解游戏产品的特色及游戏美术的制作水平，还需要对市场的现状以及发展趋势进行深入了解，明确产品的市场定位和受众，因为不同层次、不同年龄的用户其消费观念和消费能力不同。因此，游戏运营需要合理地制定商业推广计划，明确产品的受众，制定关键绩效指标和实现途径。其次，根据商业策划案，通过媒体与平台推广游戏产品，提高游戏产品的受众度，让更多的玩家认识了解游戏。最后，根据用户反馈意见，提出解决方案，推出改善后的游戏版本。游戏运营是一项长期工作，为了给用户带来最佳的游戏体验，需要长时间调试游戏产品，根据玩家和市场需求不断升级优化游戏版本。除此之外，游戏的技术运行还需要游戏运营的辅助，其工作任务是负责搭建服务器系统平台和对服务器进行日常维护。（图5-27）

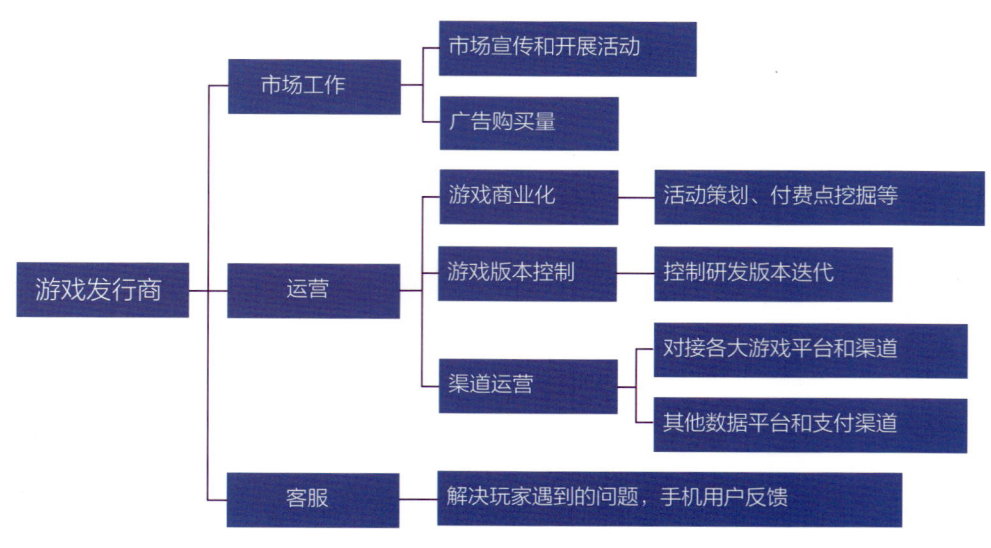

图 5-27 游戏运营

5.3.2 游戏宣传

游戏宣传是指通过各种直接或间接的方式传播游戏信息的一种社会行为，其目的在于使更多的人群了解游戏产品，扩大受众范围，影响人的思想，引导人们进行游戏活动。游戏宣传的基本功能是劝服，即通过多种内容和形式阐明游戏的优点，使人们自愿参与游戏、体验游戏。为公司带来更多的利润、提高游戏产品和公司的知名度是游戏宣传的主要目的，宣传的主要途径是向玩家提供游戏基本信息，展示游戏效果，传递产品信息和增加产品需求，不断刺激玩家进入游戏。游戏宣传不但可以在一定程度上提高产品的知名度，从而提升市场竞争力，促进公司的发展，还可以树立公司形象和打造品牌文化，为游戏销售铺平道路，对促进游戏公司健康发展具有重要的意义。（图5-28）

图5-28《王者荣耀》宣传图

5.3.3 游戏反馈

游戏反馈主要是对测试人员和玩家提出的问题进行收集整理并反馈给游戏公司，游戏运营商与游戏研发商进行沟通协调后，改进游戏。游戏反馈方式主要有测试反馈、客服反馈两种。

1. 测试反馈

游戏正式上线之前，一般会经过首测、封测、内测、公测四个阶段。这几个阶段主要是对游戏进行技术性测试，测试人员将游戏的漏洞和不合理之处反馈到策划部门，策划再与研发部门进行沟通来完善游戏。测试期间，测试人员无法对游戏进行全面检查，反馈的问题也并不全面，在游戏正式上线后仍会存在问题，这就需要玩家在游戏中进行反馈。

2. 客服反馈

客服可以分为电话客服、论坛客服与线上客服三类。一般，客服能解决的问题，玩家可以直接与客服进行沟通来解决，如果客服解决不了则需要上报有关部门。这种方式主要针对所有玩家，更加方便、全面。玩家的反馈不仅只针对游戏本身存在的问题，还会针对外挂、作弊器等影响游戏正常运行的行为，客服会根据反馈以及数据调查迅速对玩家进行处罚。游戏运营商对反馈的问题进行整理和分类，然后对突出的问题进行调整，游戏越能满足玩家需求盈利就越大，也间接地增加了市场竞争力，玩家对游戏的反馈可以直接促进游戏的改进。（图5-29）

图5-29《梦幻西游》游戏客服反馈界面

图 5-30《英雄联盟》游戏更新界面

5.4 数字游戏的维护

通常，游戏产品上线后仍然会存在问题，因此需要经常对游戏产品进行维护。游戏公司对游戏产品的维护包括清除服务器中囤积的无用数据，对游戏漏洞、外挂等进行修复防御，以及对服务器升级、游戏模式调整、游戏画面表现等方面进行改造。

5.4.1 游戏更新

游戏更新是指修改游戏漏洞并且升级游戏软件设备等。游戏更新的最终目的是为了延长游戏的生命周期，从宏观的角度分析，游戏更新有游戏软件版本的升级和游戏漏洞的修补两种。为了不断地刺激玩家并占领市场，以获得盈利，展现出更加优质的画面和运行速度，需要对服务器进行升级改造。在游戏运营前期就需要做好版本研发工作，以便游戏能够顺利更新，而游戏版本的升级和更新是由运营部门把控的，游戏上市后仍然会存在各种游戏漏洞，或者游戏系统被不良用户入侵。当游戏存在严重漏洞时，会影响服务器的正常运行，因此游戏更新是游戏运营中不可或缺的关键部分。游戏更新将对游戏原本存在的问题进行优化，如果发现用户破坏服务器数据，则要及时加固游戏系统，并对其进行处罚。若出现大量用户破坏了小部分的服务器数据，那么可能是游戏本身出现了问题，存在游戏漏洞，就需要对游戏进行更新。（图5-30）

5.4.2 游戏停服

　　游戏停服分为暂时停服和永久停服两种，停止游戏服务器后玩家将不能进入游戏。暂时停服的原因很多，例如定期维护、游戏生命周期更新、修改游戏中的项目等。暂时停服的时间较短，一般会在短时间内再次开启，玩家可以在原本保留的游戏数据上继续游戏。而永久停服则是将服务器永远的关闭，从此玩家不能再运行游戏，游戏数据会被删除。

　　随着软硬件技术的发展，数字游戏的开发变得越来越复杂，而且数字游戏的制作再也不是以前仅凭借几个人的力量在简陋的地下室里就能完成，现在的游戏制作更加团队化、系统化和复杂化。对于一款游戏的设计开发，尤其是大型三维游戏的研发团队至少需要几十人，通过细致的分工和协调的配合才能制作出一款完整的游戏作品。因此，在进入游戏制作行业前，游戏设计师应全面地了解数字游戏制作的职能分工和制作流程，这不仅有助于提升游戏设计师的素质，而且对日后进入游戏制作公司迅速融入游戏研发团队起到至关重要的作用。

教学导引

小结：
　　本章主要对数字游戏的制作流程进行了论述，着重介绍了制作流程中各个环节的任务划分和所起的作用。通过对本章的学习，学生可以对数字游戏的具体制作流程有一个全面的了解，为日后的专业素养及综合能力的提升打下坚实的理论基础。

课后练习：
　　以思维导图的方式对数字游戏的制作流程进行梳理归纳。

第六章
游戏开发的技术结构基础

游戏数学基础
计算机程序设计基础
数据结构基础
图形学与3D图形技术
3D API
网络技术

重点：
本章着重讲述游戏开发中的技术结构基础知识，其中包括游戏数字基础、计算机程序设计基础、数据结构基础、图形学与3D图形技术、3D API以及网络技术。通过本章的学习，学生可以对游戏开发过程所涉及的技术知识有一个基本的认知，为以后的学习奠定基础。

难点：
对计算机语言有一个基本的认识；通过本章的学习，对市面上的游戏所运用的技术知识进行分析理解。

6.1 游戏数学基础

　　数学是计算机科学的基础，也是游戏程序开发（图6-1、图6-2）的基础。通过专业的数学基础进行编程，我们可以构建一个具有一定功能性的程序。数学主要分为高等数学（微积分）、线性代数、几何学、概率统计学和离散数学等方向。线性代数与几何学的知识是游戏开发的基础，计算机图形的绘制与开发都是依靠基本的数学原理完成的。计算机语言是游戏开发的基础，通过使用计算机语言可在计算机内构建一个模拟的游戏世界。在计算机中，游戏世界就是一个几何空间的数据，这种表述方式是线性代数与游戏的结合点。三维空间和三维游戏所使用的是线性代数研究的内容：向量、矩阵来描述空间的方向、位置、角度，通过向量与矩阵间的运算来实现空间的规划、物体的移动与旋转、树木的摆放、道具的形式以及人物的运动等（图6-3）。因此，程序在游戏开发中所需要的数学知识，除去计算机科学必需的知识外，更需要侧重于线性代数与几何学知识。

图 6-1 java 代码编辑界面

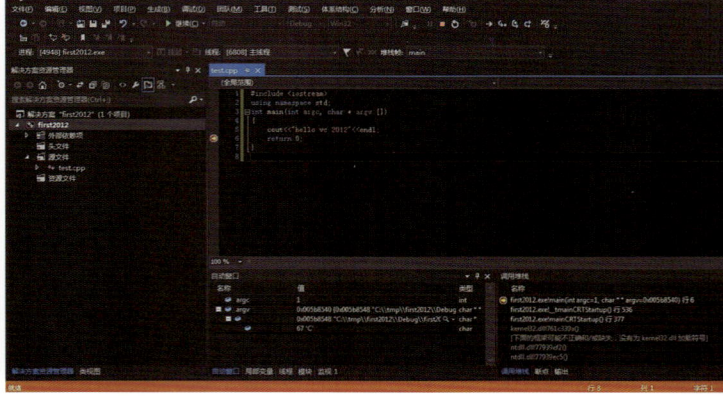

图 6-2 C++ 代码编辑界面

图6-3 游戏空间编辑界面

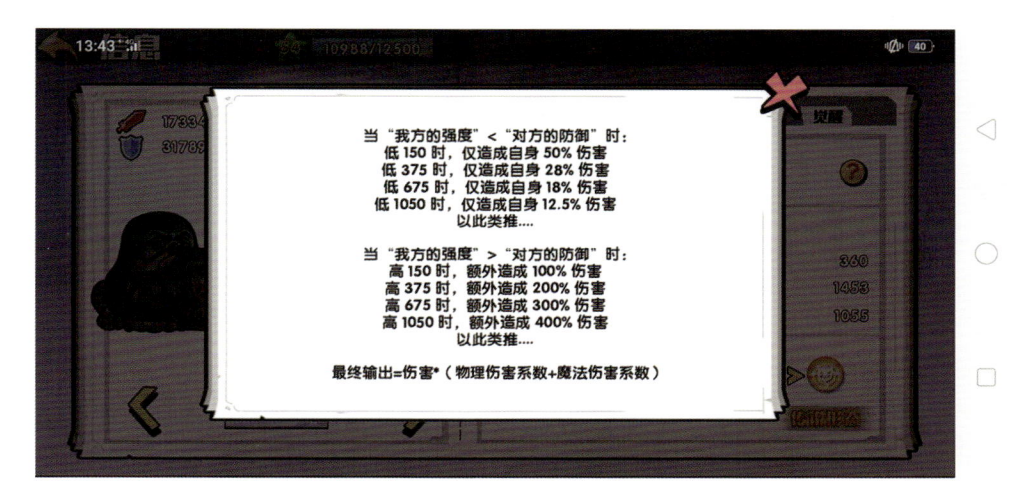

图6-4 《召唤与合成》游戏伤害计算公式

在游戏开发中，不可避免地会涉及一些数学公式（图6-4），数学计算决定着游戏的运转统计、伤害计算以及等级提升或是属性的变化。其中，运转统计是大部分游戏的重点考虑对象。游戏数学基础也决定着玩家的游戏体验。因此，游戏设计中一个简单的算法变化或者属性值的变化更改，都有可能对玩家的游戏体验产生直接的影响。

其中的一些数学基础通过举例比较好理解。

第一种类型，T=X+Tn，T代表人物的攻击力、运气值、特殊能力值等数值。X代表该人物的某种属性是该人物游戏时的基础属性，Tn代表提升属性值（随机数字）。其中，随机数字的出现可以给玩家带来更多的刺激，在一定程度上提高了运气成分。玩家在游戏时需要通过提升增加自己的T数值，T数值的大小决定着游戏所处的阶段。

85

第二种类型，T=aX，a是一个额定的系数。这样的计算方式等级越高属性越好，每一次属性提升都是定额数值。

第三种类型，T=X（X+a），X代表武器的攻击力、伤害数值和武器攻击力直接联系。

游戏3D情况下的数学基础往往会有着更多的条件，向量、矩阵、世界变换、观察者变化、剪裁、投影变换、视口变换等。

向量是指有方向的线段，其属性是方向和大小。在3D游戏场景中所有具有大小和方向的物理量都可以通过向量来表示，我们也可以通过坐标值来表示向量值。

其中DirectX中就有支持向量运算的函数，其中d3dx9.lib库就提供了相关函数，例如：

D3DXVECTOR3 a（1，2，3），

D3DXVECTOR3 b（4，5，6）。

向量的加法运算为两个向量对应的分量之和。C=A+B。D3DXVECTOR3中重置了加法运算符号"+"，用于两个向量之和的运算。同理减法也加入其中，其原理相同。

向量的长度是以向量的模来表示。

D3DXVECTOR3中引用了大量的数学计算公式来表示游戏场景内的数据运算，从而满足游戏运行的平衡性和合理性。

6.2 计算机程序设计基础

计算机系统由硬件系统和软件系统两大部分组成。硬件系统是计算机的物质基础，构造着计算机的基本构架，确保着计算机的正常运转和运行效率。软件则是计算机的灵魂，计算机的驱动，硬件及程序的连接都需要靠软件的辅助完成，没有软件基础，计算机就仅仅是一台机器，没有办法完成指定的工作。而所有的软件都是通过计算机语言编写而成的。

在游戏开发过程中，开发人员的程序设计应用能力决定着游戏功能的实现程度，游戏世界里的显示内容和结构完全取决于软件工程师的技术水平。软件是计算机的灵魂，那么软件工程师就是灵魂的制造者。

计算机程序即一些代码或指令的合集。其中的代码或指令可以驱动计算机，完成某些指定的任务。每一个操作系统和软件都是程序员智慧的结晶，都是若干的指令、语言的总汇，以供完成指定的任务，以解决繁杂的工作，并提高工作效率。

算法可以保证程序的正确性、可读性、通用性、高效性。

正确性：保证程序的正常运转，以及正确地处理指定的任务，从而达到预期计划。

可读性：良好清晰的可读性可以保证正确性；规范的、科学的、有序的算法可以提高算法的可读性。

通用性：好的算法可以完整地解决同一类问题，并且在大多部分情况下都是可以使用的。

高效性：高水平的效率不仅要保证算法的执行速度快、反应迅速，还应该保证算法的占用面积小。

6.2.1 程序语言的分类

在计算机中，可以完成特定任务目标的一套有序的指令的合集即是软件。计算机运转时所做出的每一个动作每一个步骤都是按照计算机语言编制而成的。在计算机语言的发展过程中，程序语言经历了机器语言、汇编语言和高级语言等阶段。

1. 机器语言

计算机所能直接识别的是电路开关的闭合，开路为"1"，闭路为"0"，由"0""1"可以组成二进制代码，计算机的基本语言就是二进制。在计算机的发明之初，二进制无法满足人类对计算机的复杂需求，因此开发者放弃了自然语言，转而利用计算机语言直接进行操作，也就是写出一串数字代码交给计算机执行。

尽管计算机语言看似简单，但是却难以理解，而且开发效率低下，修改程序复杂。由于早期并没有一套统一完整的语言编辑方式，每台计算机使用的程序语言都不一样，在初期计算机语言几乎不能被移植通用。因此，每一台计算机、每一个软件都拥有自己专属的语言，在软件运用时造成了大量的重复工作，要想移植程序必须要重新编制。

2. 汇编语言

为了提高程序开发的效率，人们考虑对二进制的计算机语言进行二次编码，使用符号串来替代特定指令的二进制数串，比如用"ADD"代表加法、"MOV"代表数据传递等。将这些符号翻译成二进制数，而这种翻译程序被称为汇编程序，这样形成的程序设计语言就称为汇编语言。

汇编语言与机器硬件密不可分，通用性虽较之前有所改进，但仍不稳定，相较于机器语言执行率确有部分提升，二次编码后英文单词的使用大大提高了开发效率。针对计算机特定硬件而编制的汇编语言程序，能准确发挥计算机硬件能力，程序精炼，出错率低。所以在游戏中，特别强调运行速度的部分有时会使用汇编语言来开发。

图 6-5 FORTRAN 语言

3. 高级语言

为了使计算机的应用更加广泛，计算机高级语言应运而出。计算机高级语言接近于数学语言与人类自然语言，语句功能完善，易于被人掌握的同时又不依赖于计算机硬件。使用高级语言编写的程序不能在计算机上直接运行，必须将其翻译成机器语言才能执行，这种翻译过程一般分为解释执行和编译执行两种方式。

1954年，FORTRAN语言（图6-5）的问世使高级语言完全脱离了机器的硬件。在此之后，又出现了上百种高级语言，其中影响较大、使用较普遍并且具有延续性的语言主要有FORTRAN、ALGOL、COBOL、BASIC、LISP、Pascal、C、PROLOG、Ada、C++、Java等。

6.2.2 应用的最广泛的程序语言

计算机语言是多种多样的，主要决定于硬件环境以及游戏所想要达到的最佳效果。所有的大型PC游戏、单机或多人在线游戏，都是使用C++语言编写的。到目前为止，C++语言可以完全应用于游戏开发中的图形函数库。另外一种使用相对较少的语言J2ME（Java的一个移动开发版本）在近年来逐渐成为主流的游戏开发语言，主要应用于手机程序的游戏开发。游戏软件工程师以此两种应用广泛的语言为基础工具，再综合使用各种技术就可以开发出任意的游戏类型。

1.C 语言

C语言（图6-6）是应用最为广泛、最为成功的编程语言之一。它强大而完善的功能受到了工程师的青睐，包括系统软件NIX等都是用C语言编写的。C语言是一种面向过程的语言，着重程序设计的逻辑、结构化的语法，按照"自顶向下，逐步求精"的思路逐步分解问题，解决问题。C语言是高级编程语言，它基本使用美式英语的语法，程序员编写代码的过程就相当于是自己思考的过程，例如语言中的if、else等单词的意思与人们生活中的词意一致，举例如下：

if（tomage>kateage）
{
printf（"tom is old sister！"）;
}
else
{
Printf（"jake is old brother！"）;
}

C++语言是以C语言为基础，加入面向对象程序设计思想发展而来的语言形式。传统的面向过程语言，如果编写的游戏程序代码量较大的时候，使用C语言编写就会变得十分庞大复杂，难以维护，重用性差。一个由近百万行游戏代码组成的游戏运算速度可想而知，传统的C语言已经无法满足开发这类游戏的要求。

一方面，C++语言加入了更多的抽象概念用于显示生活中的人、事、物等实体，在程序中以对象形式加以表述，这使程序能够处理更复杂的行为模式。另一方面，面向对象程序在适当的规划下能够以编写完成的程序为基础，开发出功能性更复杂的组件，这使得C++语言在大型程序的开发上极为有利，主流大型游戏几乎都是使用C++语言进行开发的。

C++语言所编写出来的程序有可以调用操作系统所提供的功能，师出同门，早期的部分操作系统是以C/C++语言编写的，因此在调用Windows API（Application Programming

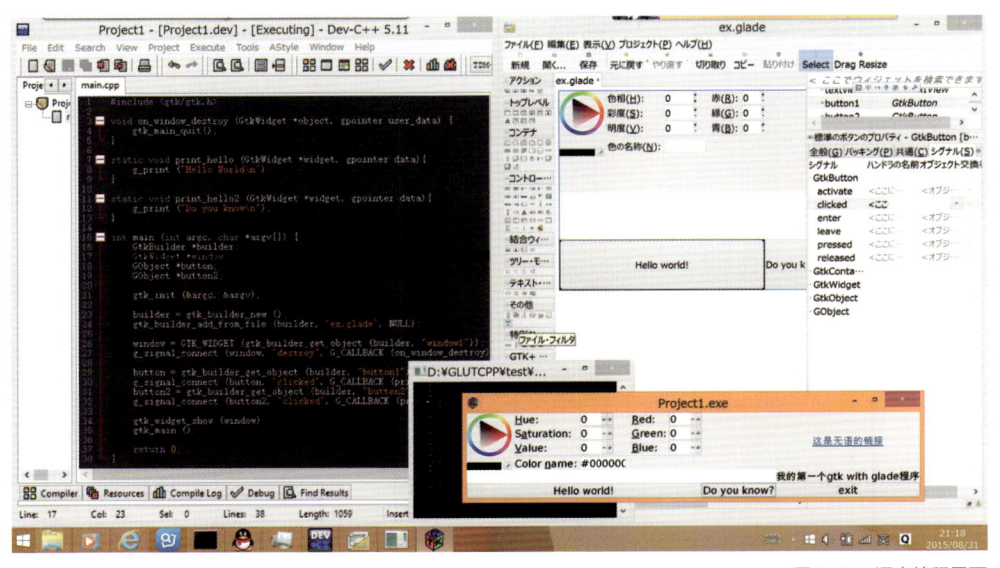

图6-6 C语言编程界面

Interface，应用程序编程接口）、DirectX功能等却展现出强大的兼容性。C++语言允许程序开发人员直接访问内存，能进行位（bit）的操作。因此，C++语言能实现汇编语言的大部分功能，可以直接对硬件进行操作，对游戏的开发十分有利。不论从图形开发角度，还是从游戏的效率角度考虑，都有一些效果必须通过底层（系统层）方法来实现，都需要程序语言能够直接操作内存。

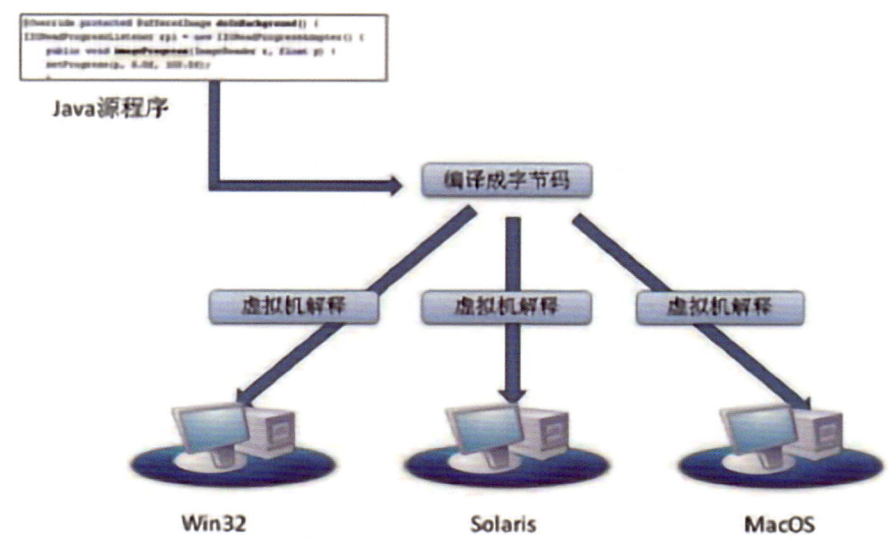

2.Java 语言

Java语言（图6-7）由Sun公司率先提出设计方案，Java语言具有跨平台的优势，这一优势随着互联网的扩大普及逐步占据市场主导地位。跨平台功能可以使Java语言在不用重新编制程序代码的情况下，直接应用于不同的操作系统上。这个机制可以运行的关键在于字节码与Java虚拟机的共同配合。

Java程序编写结束之后，在使用编译器对其进行编译时，会产生一个与系统平台无关的字节码文件。字节码是一种机器语言的编码，用于说明将要执行的操作。计算机上必须要安装Java虚拟机才能执行字节码，Java虚拟机可以自行对不同操作系统的计算机语言进行二次编辑整理，并转译成当前计算机可以识别的机器语言，加载到内存执行。

Java虚拟机通过构建操作系统上的一个虚拟机器来实现程序的跨平台运行，程序设计员只需要针对这个执行环境进行程序设计，不用过多地考虑虚拟机之间的交换问题，在降低程序员负担的同时也提高了程序编辑的效率，Java虚拟机的功能辅助使程序在不同平台上都具有可移植性。

Java语言在经历了不同版本的改进以及功能加强之后，Java程序在绘图、网络、多媒体等方面都通过API功能库的增加得到本质性的能力提升。同时，J2ME在三维领域的应用，使得游戏公司开始逐渐使用Java程序来开发手机程序与游戏。至此，Java开始正式进入游戏开发领域。

目前，大部分智能手机都支持Java程序系统，相较于SMS和WAP，Java有更佳的控制界面，允许使用子图动画（图6-8），并且可以通过无线网络连接到远程服务器，使Java成为目前最好的移动游戏开发组件，J2ME逐渐成为行业标准语言。

图 6-7 Java 语言

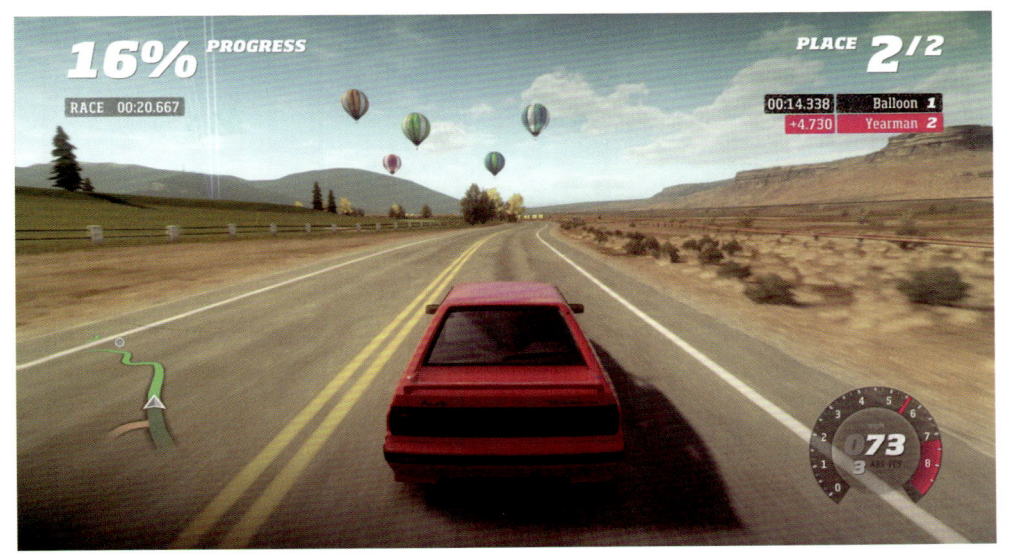

图6-8 使用子图动画的游戏界面

6.2.3 程序设计的方法

程序设计是指对程序进行编制、调试、设计的方法及过程，其中包含算法编制、程序分析、程序编写、完整调试、资料收集整理等内容。常用的程序设计方法有结构化程序设计、对象程序设计。

结构化程序设计注重事物的表现行为，主要从模块、层次的角度设计程序。在程序设计过程中，将大的程序分解成若干个小程序，各小程序模块通过"顺序、选择、循环"的控制结构进行连接，采用自上而下、循序渐进的方法将一个复杂问题的解析通过小模块的形式进行重构。

对象程序设计更注重事物的结构，遵从抽象、封装、继承和多态四个基本原则。在程序设计过程中将代码和数据合并为一个单一的不可拆分的单元，即一个对象，通过作用于对象的消息来完成对对象的修改。进而在程序编码过程中，不再需要从整体细节上进行考虑，降低了软件集成的难度。

6.3 数据结构基础

数据结构是所有编程的基础，也是游戏软件开发的基础。数据结构作为一门学科，主要研究数据的逻辑结构、数据的物理存储结构、对数据的操作（或称为算法）。通常，算法的设计取决于数据的逻辑结构，算法的现实取决于数据的物理存储结构。

在《穿越火线》等多人联网游戏中，存储玩家列表，首先要考虑的就是逻辑结构。例如，是选择使用一个按玩家加入顺序列表的一维队列，还是选择使用一个二维表格存储。其次，同样逻辑结构的玩家列表在内存中也会有不同的物理实现，例如，在内存中是选择连续存储还是分散存储。不同的逻辑结构和物理存储结构同时也影响相关操作要求，对于某些适合随时添加或删除数据的存储结构，可以用来存储玩家列表，因为玩家可以随时加入或离开；对于某些适合存储和访问大量数据而不适合随时改变的存储结构，就用来存放大量的游戏静态数据，如关卡地形。

6.3.1 数据的逻辑结构

数据结构可以根据其不同的逻辑结构划分为线性结构和非线性结构。

线性结构的逻辑特征是：若其结构是非空集合的情况下，则有且仅有一个开始的结点和终端结点，并且所有的结点最多只有一个直接后续。（图6-9）

非线性结构的逻辑特征是：一个数据元素可能有多个直接前驱和多个直接后继，典型的结构类型为树状结构、二叉树结构等。非线性的编辑有更强的扩展能力和组合能力，但是在数据的处理上出错的概率却不容乐观。（图6-10）

1. 线性结构——队列和栈

从逻辑关系的角度分析，队列和栈都属于线性结构，它们通常被称为线性表。这两种线性表类型是线性结构中的两种典型情况。

（1）队列

队列是一种先进先出的线性表达。但是只允许在表的一端进行结点的插入，而另一端进行结点的删除，将允许插入的一端定义为队首。好比日常生活中的队伍一样，最早进入的也就是最前端的也将最快地离开，即是先进先出。

在游戏《反恐精英》（图6-11）中，使用游戏中所提供的枪械进行射击时会在目标的表面留下弹孔，这种效果增加了游戏的真实感，使游戏世界更接近于真实世界。但是任何游戏中的效果都需要通过消耗内存的方式来实现，这对于任何一款游戏平台都是一个巨大的压力。该游戏就采用了一个较好的方法来应对这一难题，游戏中所显示出来的实际弹孔数量是有限的，当游戏中所出现的弹孔数量达到一定程度后，最先留下的弹孔将会消失，这个例子就是典型的"先进先出"，也是队列在游戏中最典型的事例。

（2）栈

栈是仅允许在表的一端进行插入和删除的线性表。栈的表尾称为栈底，表头称为栈顶，可以把栈看成一个只有一端开口的容器，取出元素的口和放进元素的口是同一个。这样先放进去的元素只能比后放进去的元素后取出，这是栈的特性——先进后出，如图6-12所示。

软件一般都提供了撤销功能，即用户可以按顺序撤销前面的操作，这是典型的先进后出，是栈的应用实例。

图6-9 线性结构

图6-10 非线性结构

图 6-11《反恐精英》游戏画面

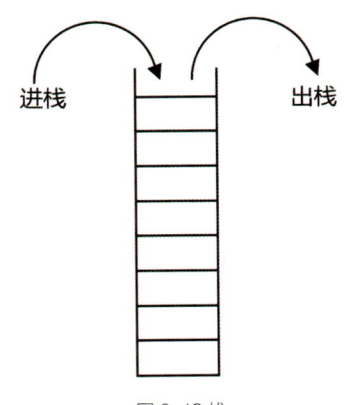

图 6-12 栈

2. 非线性结构——树与二叉树

（1）树

树是一种应用十分广泛的非线性结构。在游戏中许多技术都要使用到树状结构。例如，对弈游戏、人工智能的A*算法等都需要通过树状结构来实现。

树的定义是一个严格形式化的递归的定义，即在树的定义中又使用了"树"这个术语，但这也是树的固有特性。接下来，通过图6-13来解析树的定义，在图树T中，A是根结点，其余结点分为3个互不相交的子集并且都是根A的子树。B、C、D分别是这三个子树的根。而子树本身也是树，并且按照定义可以继续划分，如T1中B为根结点，其余节点又可以分为两个互不相交的子集。显然T11、T12是只含有一个根节点的树。对于T2、T3而言，又可以做类似划分。由此可见，树的每一个结点都是树中每一个子树的根。

（2）二叉树

树形结构中最常用的结构是"二叉树"（BSP Tree）结构。二叉树的定义是n（n>0）个结点的有限集合，它或为空二叉树n（>0），或由一个根结点和两棵树分别称为左子树和右子树的互不相交的树组成，如图6-14所示，是一个二叉树，其中A为树的根，以B为根的二叉树是A的左子树，以C为根的二叉树是A的右子树。

虽然二叉树和树都是树形结构，但是二叉树并不是树的特殊情况，要区分二叉树结点的子树是左子树还是右子树。图6-15就是一组左子树和右子树；它们是两个不同的树形结构，但是如果从树的角度对其进行分析，这就是两个相同的树了。

一般情况下，二叉树应用于查找、压缩的算法的情况较多。在三维图形算法中，最普通的应用就是空间分割上的二叉树和八叉树（图6-16）的分割算法。

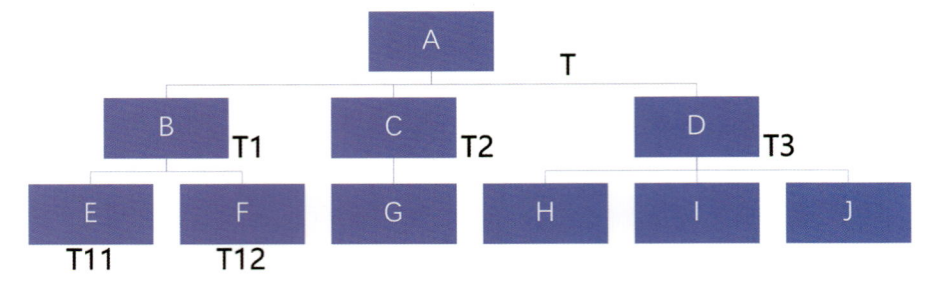

图 6-13 树

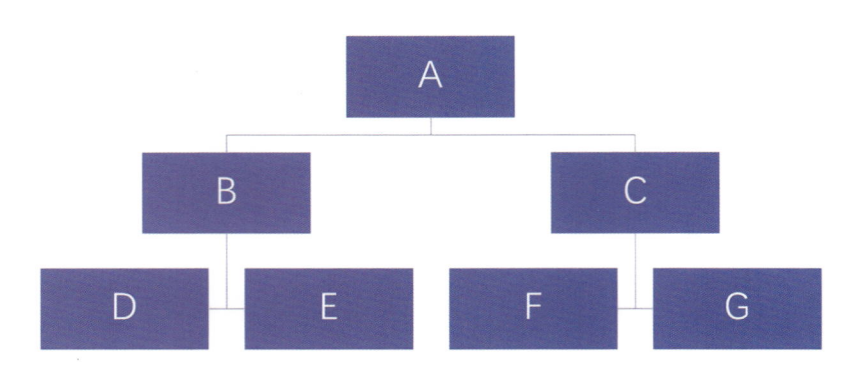

图 6-14 二叉树结构

(a)

(b)

图 6-15 左子树和右子树

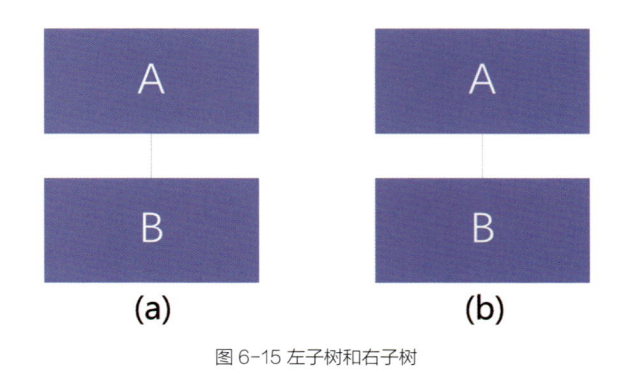

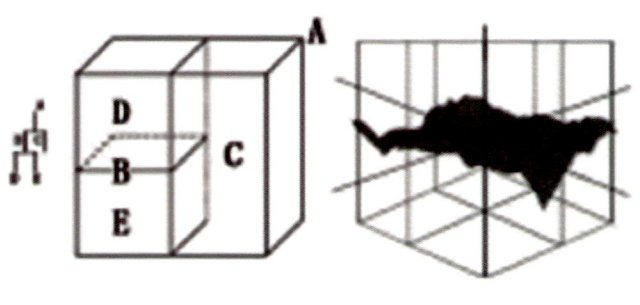

图 6-16 八叉树

6.3.2 算法

算法一般是指对数据的操作方法。数据采用任何形式的逻辑结构和物理储存结构都会存在对数据的排序、查找、修改、添加和删除等操作。数据所采用的逻辑结构和物理储存结构不同，算法也会为之改变。例如，在顺序储存结构和链接式储存结构中间插入数据的效率就会有非常大的差距，以此来看算法是与数据结构相关的。游戏中的各种数据会采用不同的数据结构，程序员应该掌握不同的算法以提高程序的执行效率。

6.4 图形学与 3D 图形技术

数字游戏作为一种交互软件，早期是以文字交互为主，例如文字MUD等类型的游戏。随着Windows平台以及计算机图形硬件技术的发展，游戏由文字交互发展到了图形交互。现在，3D图形技术转变为游戏程序开发的核心。游戏的开发与3D计算机图形学密切相关。

6.4.1 三维图元与模型

在三维世界中，组成场景的最基本的元素称之为图元。最基本的图元包括点、线、三角形、多边形（是由多个三角形组成）等。三维游戏中最常使用的图元是三角形，在最常用的3D建模软件3DS Max中大量的三角形围着一个闭合体就构成了三维物体模型。在三维软件中任何的线、三角形与多边形都需要"点"才能定义，这些定位的点称为"顶点"。在三维虚拟世界中的物体是由顶点的集合定义的。多边形网格模型是系列多边形的集合，如果组成网格的所有多边形都是三角形就叫作三角形网格。三角形网格是面的基本元素，是游戏中最常用的模型表示方法，其他表示方法的模型都可以被转换为三角形网格。而显卡以及底层图形API也只支持三角形的处理，通常评价显卡性能的标准就是它的三角形绘制能力（几十万到几百万三角形每秒），其他建模方式最终都会由后台程序转换为三角形网格。

曲面模型是另一种常见的模型表示方式，曲面模型又称为NURBS建模方式。与多边形模型相比曲面模型优势如下：

1.曲面模型的描述更为简洁，使用曲面和数学方程式来描述类似于矢量图形的描述。

2.曲面模型表面更加平滑、细腻，使用曲面计算，没有明显的转折痕迹。

3.存储空间小，只需要存储数学公式与关键点加以计算，大幅度减少了数据的储存。

4.动画和碰撞检测更简单快捷。

目前，大部分主流显卡已经通过各种方法提供多边形模型与曲面模型的相互转换支持，但是三角形网格建模仍然是游戏开发中最主要的创建模型的方法。

6.4.2 应用材质与贴图

为了使三维世界更加真实，计算机图形学参照现实世界引入了材质与贴图的概念。材质类似于现实世界中的材料，比如布料、铁等，而贴图则类似于相对某种材质的颜色或者说是花纹。例如，一块金属有它自己的特性：受光的影响及反射周围光的程度等，这就是材质的基本特性。有了金属后，我们可以对其进行加工，如印上花纹，这就是三维世界中的纹理贴图。

6.4.3 光照计算

材质定义了一个表面如何反射光线，为光照计算提供了基础。虽然光线并不是场景所必需的，但是没有光线将使观察场景变得非常困难。如果在处理光线的同时，对场景中阴影进行处理，而且灯光的位置与材质特性又能符合现实要求，那么整个三维场景将会变得异常真实。（图6-17）

6.5 3D API

3D API即3D Application Programming Interface，翻译为应用程序接口。3D API能够大幅度地提高开发人员的工作效率，该软件能够令API自动和硬件沟通，从而启动其强大的3D图形处理功能，大幅度提高了程序设计效率。（图6-18）

在没有3D API时，程序员为了发挥显卡性能必须要了解全部的显卡特性。3D API可以使程序员不必再去了解硬件的具体性能和参数，减少了开发时间，提高了工作效率。不同的开发公司还可以利用3D API这一特性开发出最适合自己产品的程序。

6.5.1 雾化效果（Fog Effect）

在3D效果中雾化效果是较为常见的一种特性，游戏中的烟雾、灰尘、云都是雾化的结果。其优点是能增加游戏画面的真实性，同时也减少了图形渲染的工作量。（图6-19）

6.5.2 着色处理（Shading）

着色处理分为平面着色（Flat Shading）、高洛德着色（Gouraud Shading）。3D游戏中大部分物体都由多边形构成，因此，必须使用一些着色手段，才不会使模型以线性结构表现出来。

图6-17 光照计算

图6-18 3D API

图6-19 雾化效果

平面着色是最简单、最快速的着色方式，每一个物体表面都会有一个单一的没有变化的颜色。虽然这样的着色方式会导致物体缺乏真实感，但却可以加快图形处理速度和载入速度。

高洛德着色可以对模型的顶点进行平滑、融合处理，使物体看起来平滑，从而带来更强的真实感，立体动感，但速度却要比平面着色慢得多。

6.5.3 α 混合（Alpha Blending）

其本质就是使模型、物体产生透明感的技术特性。其原理是在物体本身所具有的颜色基础上，通过 α 值标注出一个新的通道，进而使物体产生透明效果。随着 α 值的变化，其透明程度也会发生改变。因此在处理画面时 α 值可以使游戏画面更具有真实感。

6.5.4 贴图处理（Mapping）

贴图处理可分为材质贴图（Texture Mapping）（图6-20）、Mip贴图（Mip Mapping）、凹凸贴图（Bump Mapping）、视频材质贴图（Video Texture Mapping）。

（1）材质贴图是在物体贴图上最能反映质感，最为拟真的方法。目前，大多数游戏软件均采用此种贴图方式。

（2）Mip贴图是在不同精度要求的情况下使用不同版本的图样进行贴图，提高了运行速度和效率。

（3）凹凸贴图通过利用贴图的明暗度来使物体产生凹凸效果。环境凹凸贴图保存了du/dv两个偏差值，最常见的为游戏中的水波涟漪效果。法线图是现在比较流行的凹凸贴图方法，其原理就是将每个像素点以向量法运算以添加其光照效果。

（4）视频材质贴图。采用高进图像处理方式，将一个连续的图像（可能为一个AVI式MPEC档案，也可能是即时运算）添加材质，并帖在物体表面。

图 6-20 材质贴图

6.6 网络技术

网络技术是20世纪90年代中期发展起来的新技术，当前的互联网还只限于信息共享，网络则是互联网发展的第三阶段。网络的根本特征并不是规模，而是资源共造地区性网络、企事业内部网络、局域网网络，甚至家庭网络和个人网络。

网络技术的应用范围由最早的军事、国防扩展到了学术机构，然后迅速覆盖到各个领域，运营性质也逐渐商业化。

6.6.1 网络游戏技术

随着网络游戏的发展，相关技术也日渐成熟，但是不管怎样都离不开客户端和服务器端。网络游戏行业综合性很强，涉及游戏设计、程序设计、数学、人工智能、图形图像、网络、音频处理等方面。近年来，相关技术的发展也极大地促进了网络游戏技术的发展，例如画质的高保真，画面渲染令游戏发展达到了一个新的高度。

Client/Server（客户/服务器）结构是当今网络游戏中最常见的也是最重要的框架。常见的Client/Server网络游戏分为以下三种：

客户端到客户端的类型，大多数对战游戏（图6-21）属于这种类型，主机身份为一个玩家，这个玩家既是Client，又扮演着Server身份。

大厅和会话的结构类型，一般常见为云端聊天、会话、娱乐类型的软件。

真正的Client/Server类型，大多时候需要数量庞大的玩家同时进行游戏，这些玩家会持续游戏且被记录下来，通常可以称之为图形化多人在线角色扮演游戏。著名的《魔兽世界》（图6-22）就是此类型的游戏。

图 6-21 客户端到客户端类型的对战游戏

图6-22《魔兽世界》游戏界面

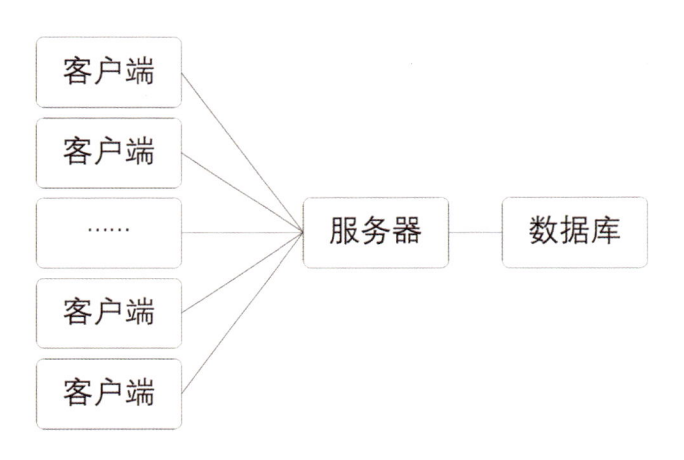

图6-23

如图6-23所示，客户端向服务器发送请求，服务器会根据不同的请求类型做出不同的反应和计算。服务器接收到数据并计算后，再向客户端返还数据。但是实际情况下则更为复杂，大量的数据同时间涌向服务器，服务器还要做出正确的判断并计算，然后再将不同的数据返还给客户端，工作量相当巨大。同时后台数据库（图6-24）还储存着玩家资料，随着玩家的状态的不断变化，数据库也在实时更新。

6.6.2 网络游戏平台的体系结构及关键技术

网络平台的发展为网络游戏的发展奠定了坚实的物质基础，服务器和客户端的数据交换也实现了游戏网络化，实现服务器和客户端的即时稳定的数据交换是评价一个游戏的网络技术的标准。

自第一台计算机诞生起，各类游戏软件开发技术逐渐产生。计算机硬件的发展给游戏开发技术带来了保障，而游戏软件技术的发展也推动着硬件技术的提升，两者紧密结合，相互促进。游戏也逐渐分为了三种类型：单机游戏、网络游戏、网页游戏。在技术上也逐步摆脱单一的游戏结构，出现游戏引擎、中层技术、脚本控制技术等。

6.6.3 网络游戏和实现语言

网络游戏中最常用的编程语言是C/C++，其次是Java。服务端使用的语言以C、C++、Java、Ruby、Python为代表。这些语言都可以通过使用select函数来实现驱动和非阻塞方式的套接字。

1.C/C++

1978年，美国电话电报公司贝尔实验室正式发表了C语言。由于在发表后并未确定一个完整的标准C语言，后来由美国国家标准学会在此基础上制定了C语言标准，并在1983年发表，通称为ANSI C（C++）。（图6-25）

C语言具有功能强大、使用灵活方便、目标程序高、表达力强、应用面广、可植入性好等特点。并且C语言既有高级语言的特点，又具有一些低级语言的特点，非常适合作为系统描述级语言，可以使用C语言来编写系统软件和应用软件。语言设计成静态类型，有着高效、可移植的多用途程序设计语言。C语言有着多种的程序设计风格：程序化程序设计、资料抽象化、面向对象程序设计、泛型程序设计。C++语言数据结构丰富、灵活，具有结构化控制语句，并且程序执行效率高，也同样是一款少有的同时具备高级语言和汇编语言的编程语言。它可以直接访问物理地址，具有良好的可读性和可移植性。

图6-24 后台数据库

综合以上因素，C++是C语言的升级版，具有C语言一样的语言特色，并发挥到了极致，且修改了C语言的不足。C++比C语言更加安全，编译系统能检查更多类型的错误。但是由于C++语言的复杂性导致了其非常难于编写，所以一旦出了问题就很难被发现和修改。

2.Java

1995年，Sun Microsystems推出Java语言。最初Java被称为Oak（图6-26），是为其产品的嵌入式芯片而设计的。一方面，利用Java实现的HotJava浏览器充分显示了Java的魅力：快平台、动态Web、Internet计算。至此，Java开始被广泛关注。另一方面，Java技术也在不断更新，它发展迅速，并且非常流行，对C++产生了有力的冲击。

Java语言具有面向对象、分布式、安全、独立、解释性强、可移植、高性能、多线程的特点。编程语言的风格十分接近C语言。Java是一个纯粹的面向对象的程序设计语言，并且Java继承了C++语言面向对象技术的核心。Java弥补了C语言的不足：运算符重载、多重继承，并且在原有的基础上增加了垃圾回收器功能，这样使电脑内存管理得到了改善。随后，Java1.5版本又引入了泛型编程、类型安全的枚举、不定长参数和自动装/拆箱等特点。

3.C++ 和 Java 的同异性

首先，C++支持指针，而Java没有指针的概念。其次，C++支持多重继承，而Java则采用一个类继承多个接口的方式来辅助编写。再者，C++支持操作符载重功能，这一功能可以增加代码的可复用性。但在Java中，为了保持代码编写的简便，则没有添加这一功能。除此以外，在使用C++时，程序员必需通过程序才能实现内存资源的释放，而Java则能够自动对无用内存进行回收操作。

总体而言，C++与Java各有优劣。C++程序内容丰富，速度快，侧重于底层应用开发，现阶段的大多数网络游戏都采用C++进行编写。但是其学习成本高，周期长，且自检审查代码不足，因此程序可靠性较弱。Java则操作便捷，广泛易用，语法清晰，侧重于大型企业级应用开发，现阶段的许多网页游戏以及移动APP均采用Java进行编写。但由于其缺少端口系统和函数功能，使其在面对大型游戏这类应用时略显不足。因此，在当前的游戏开发中，开发者们更多从实际应用的角度出发，选择更为适合自己的语言去进行编写。

图6-25 C++

图 6-26 Java

教学导引

小结：

本章介绍了游戏开发的技术结构基础，着重讨论了计算机程序设计基础、数据结构基础以及图形学与3D图形技术的运用。让学生认识到游戏数学方面的知识是游戏程序开发的基础，理解计算机程序如何在游戏中运行并呈现。通过对本章的学习，让学生对技术结构基础有一个基本的认知，为日后走上工作岗位打下坚实的基础。

课后练习：

1. 以思维导图的方式对数据结构基础进行归纳。
2. 运用图形学与3D图形技术的知识点对《赛博朋克2077》中的场景进行举例分析。

第七章
游戏心理学理论

游戏心理学概述
游戏心理学基础理论

> **重点：**
> 本章详细讲解了游戏心理学理论的基础理论和历史演变，强调游戏心理学理论在游戏中的重要地位以及作用。通过本章的学习，学生可以清楚地了解到游戏心理学的基本概念，并对心理学在游戏开发中的应用方式有一个初步的认识。
>
> **难点：**
> 能够充分理清游戏心理学的概念以及历史演变过程，意识到游戏心理学在游戏中的重要作用。

7.1 游戏心理学概述

游戏心理学理论的主要内容是：人的基本需要应该得到满足，或潜能要求得到实现。这个理论是由人本主义心理学派奠基人亚伯拉罕·马斯洛（Abrahan H.Maslow）提出的。游戏心理学是从19世纪以来各种与游戏相关的知识和理论上逐渐发展起来的，按其构建的时间顺序及研究重点主要可以分为古典理论与现代理论两大派。

7.1.1 古典理论

游戏作为一种社会文化现象，在人类社会开始时就已经产生。从19世纪下半叶至20世纪30年代属于古典理论时期，这一时期是儿童游戏研究的初兴阶段，人们开始关注儿童游戏，并提出许多游戏理论。

古典游戏理论主要是从生物的生长、形态、发育、分布等因素出发，对儿童游戏做出一系列解释，认为游戏是儿童的本能反应，游戏不具有社会性和目的性。这是人类历史上第一次对游戏做出的解释，为以后现代游戏理论的发展奠定了基础。美国第一个心理学博士斯坦利·霍尔的"复演论"促成了皮亚杰从认知的视角研究儿童游戏的理论，提出了儿童游戏的发展论。格罗斯的"生活预备说"提到，对于儿童游戏要重过程轻结果，该学说也帮助布鲁纳提出了有关游戏及发展的思想。值得一提的是，古典游戏理论至今影响着人们对儿童游戏的看法，例如德国教育家福禄贝尔（图7-1）曾说："母亲啊，培养儿童的游戏能力吧！父亲啊，保卫和指导儿童的游戏吧！"这些呐喊声至今依然在人们的耳边回响。

古典游戏理论主要的学者及其观点有德国思想家席勒和英国哲学家斯宾塞的"精力过剩论"，德国心理学家拉扎鲁斯的"娱乐论"，美国心理学家斯坦利·霍尔的"复演论"，德国心理学家格罗斯的"练习论"等。

1. 精力过剩论

精力过剩论学派的代表人物是德国思想家席勒（Friedrich Schiller）和英国哲学家赫伯特·斯宾塞（Herbert Spencer）。

精力过剩论，又称剩余精力说，该思想最早是在18世纪由思想家席勒提出，他认为人类与生物体内有一定量的精力，并存在着一些行为活动可以将精力释放，游戏是通过无目的的活动释放生物体内精力，所以将游戏定义为充沛精力之无目的耗用，而游戏是"精力的发泄"的最好方式。席勒的《审美教育书简》（图7-2）一书中提到："当狮子不受饥饿所迫，无须和其他野兽搏斗时，它的剩余精力就为本身开辟了一个对象，它使雄壮的吼声响彻荒野，它的旺盛的精力就在这无目的的使用中得到了享受。"他认为狮子在这种运动中是自由的，是摆脱某种外在需求的自由。生存需求成为动物活动的推动力时，动物需要与其他野兽搏斗来满足自身需求。充沛的精力是它活动的推动力，当剩余的精力在刺激它活动时，动物就是在通过游戏来消耗精力。

19世纪英国哲学家赫伯特·斯宾塞（Herbert Spencer）（图7-3）认为："人作为高等动物比起低等动物有更多的过剩精力，而艺术和游戏，就是人对过剩精力的发泄。"他认为人类比低等动物更有精力投入游戏活动。因为人类可以更有效地满足生存需求，剩余精力较多；而低等动物需要更多的精力和时间来满足生存需求，没有剩余精力进行游戏。他强调，游戏的主要特征是没有实际的功利目的，并不是维持生活所必需的活动过程，而是为了消耗机体中积聚的过剩精力，并在自由地发泄这种过剩精力时获得快感和美感。他最有意义的贡献是对游戏的形式做了区分：感知运动器官的剩余精力活动、艺术审美性的游戏、具有较高协调能力的游戏、模仿。

精力过剩论认为，游戏是机体在基本生存需要满足之后剩余精力的产物。游戏活动是一种普遍现象，是由于机体内剩余的精力需要发泄而产生的。当机体精力能满足生存所需，剩余精力就变成多余的能量。这些多余的能量必须得到消耗，否则容易形成压力，而游戏无疑是使剩余精力得以释放的最好形式和方法。

精力过剩论也存在不合理性，该理论无法解释为什么儿童在玩得筋疲力尽时还想继续游戏。例如，我们常常可以看到儿童已经玩儿得气喘吁吁、满头大汗，但仍不愿回家还想继续与同伴玩耍。似乎儿童把所有的精力都投入到游戏活动中，并不是单纯地想发泄剩余精力而进行游戏活动。因此，我们也很难从中界定哪一部分精力是用来维持生存所需，哪一部分精力是用来进行游戏娱乐活动的，所以该观点存在局限性。

2. 娱乐论

娱乐论学派的代表人物是德国心理学家莫里茨·拉扎鲁斯（Moritz Lazarus）。（图7-4）

娱乐论又称松弛说。该理论的主要观点是，游戏不是为了精力发泄，而是为了精力的恢复。高强度的脑力或体力劳动后人容易精神紧绷、身心疲劳，但能量可以通过睡眠或参与娱乐活动得以恢复。游戏作为娱乐活动能帮助人类解除紧张情绪，从而达到恢复精力的效果。游戏与工作不同，它是一种放松的活动，是一种恢复能量的理想活动方式。比如，人们在办公室长期从事有压力的脑力活动，一段时间的体育活动（健身、瑜伽）或者进行一种不同的脑力活动（玩扑克）可以使之恢复活力。娱乐论与精力过剩论的观点恰恰相反，娱乐论认为游戏不是发泄精力，而是松弛、恢复精力的一种娱乐

图7-1 福禄贝尔

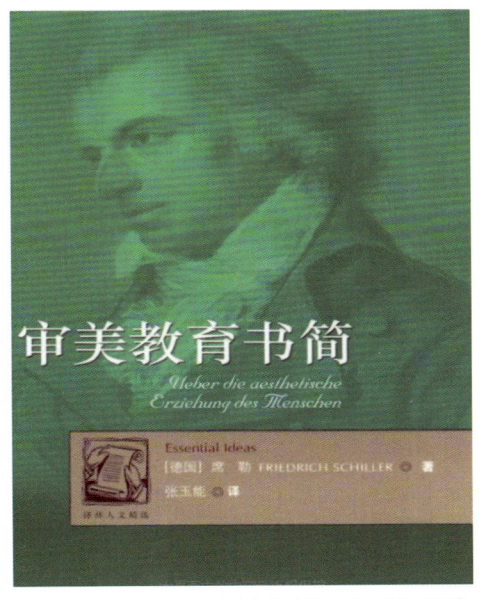

图7-2 席勒《审美教育书简》

图7-3 赫伯特·斯宾塞

方式。

与精力过剩论一样，娱乐论也存在不合理性。按"娱乐论"的说法，人们工作越多，就应该做更多的游戏帮助精力恢复，然而事实并非如此。在进行高强度的工作后，游戏虽然可以起到缓解焦虑的作用，但有些游戏需要大脑高速运转，不仅不利于缓解压力，反而容易使人处于更加紧张状态，这样就达不到拉扎鲁斯所描述的理想状态。所以，这种观点有其相对性。儿童早期教育者早就认识到了娱乐论背后的原则，因此学校生活是按照学生的学习活动与游戏活动相互穿插来组织的。

3. 复演论

复演论学派的代表人物是美国心理学家斯坦利·霍尔（G. Stanley Hall）。（图7-5）

斯坦利·霍尔是美国心理学会的创立者，也是提出复演论的第一人。他认为游戏是复演祖先的生活史，是遗传活动的表演，是重复祖先的进化过程，是个体再现祖先的动作和活动，是在重复人类发展的历史。他用人类游戏运动与竞技来具体说明他的理论。他认为，游戏是人类祖先的运动和精神通过遗传而保留至今的机能表现。由此运动所引起快感的大小，往往和遗传的时代远近及力量强弱成正比。他认为人类的文化经验是可以遗传的，从种系进化史的角度理解，游戏中的所有态度和动作都是遗传下来的。从这种意义上理解，儿童游戏是祖先运动的复演，可以理解为"儿童乃成人之父"。不同年龄的儿童遗传和复演祖先不同形式的本能活动，复演史前的人类祖先到现代人进化的各个发展阶段。如儿童爬树是遗传类人猿在树上的活动，而玩捉迷藏的游戏则遗传了当时原始人躲藏野兽保护自己的行为。

复演论受到心理学界以及教育界的广泛认可，对当时的教育也产生了影响，后来对儿童青少年心理发展研究以及胎教等方面有突出贡献。

图 7-4 莫里茨·拉扎鲁斯

图 7-5 斯坦利·霍尔

4. 练习论

练习论又称生活预备理论。卡尔·格罗斯认为，人类在幼儿时期就需要游戏，因为游戏是未来生活中最好的预备。游戏是人和动物都有的本能活动，是生物不变的本性。他认为，每个动物都要有一个准备生活的阶段，都要有一个锻炼自己生存能力的过程，游戏是准备生存、练习本能最好的形式。他认为小狗咬东西、小猫玩球这些行为是为了练习捕猎，而女孩玩洋娃娃是为将来做母亲所做的练习。所以在一定程度上，动物界的游戏行为是为未来的生存做储备。

练习论的主要研究内容之一是儿童游戏的游戏行为。在儿童游戏中首先见到的是儿童不成熟的动作的反复实践，并在实践中逐渐成熟起来；我们在儿童游戏中经常能够见到的是儿童对成人生活的模仿，这些模仿中的稚拙行为，确实是一种成人活动的不成熟形式的体现。虽然，每个儿童都有独立生存天赋的可能性，但是成熟的生存方式不是一蹴而就的，它必然先以不成熟的方式，在非正式的生存活动中进行模拟实践。这也是格罗斯分析儿童游戏的原因。

从古典心理学理论研究的角度理解，这一时期的心理学研究范围小，局限性比较大，只能对一小部分游戏做出阐释。该研究把儿童游戏与小动物的游戏等同起来，认为游戏是儿童的本能表现，否认儿童具有社会性。古典游戏心理学理论具有生物学的倾向，并没有解释游戏的本质，游戏不只是以纯机械的练习和运动的形式来转移过多能量，生物上则无法对游戏中所产生的愉悦、欢笑、专注、生机勃勃等做出解释。古典游戏理论为现代游戏理论的发展奠定了基础。古典游戏理论出现之后，游戏研究逐渐在心理学中占据重要地位。

7.1.2 现代理论

20世纪初以来，属于现代理论时期，这一时期是研究性探索时期。

现代游戏心理学理论沿袭了古典心理学理论研究方向，一些心理学家、教育学家和哲学家依旧对儿童游戏感兴趣，主要对幼儿游戏内容和游戏行为进行解释，其中影响较大的游戏理论有精神分析论、学习论、与认知论。

1. 精神分析论

奥地利心理学家、精神病医生、精神分析论的代表人物西格蒙德·弗洛伊德（Sigmund Freud），在1895年提出精神分析的概念。1919年国际精神分析学会成立，标志着精神分析学派的最终形成。精神分析理论奠定了现代心理学的基础，阐述了人类的思想、欲望、感情、幻想等精神活动。（图7-6）

弗洛伊德认为游戏对人类在舒缓压力、发泄愤怒、抒发感情、缓和紧张、满足欲望以及发展个体内在能量等方面起重要的作用。他还认为人们可以通过游戏达成愿望，并且游戏也可以成为治疗心理创伤的一个途径。人们可以通过游戏远离现实生活中的压力，摆脱束缚去幻想，在想象中达成自我愿望，使精神世界得到满足。

2. 学习论

美国心理学家爱德华·李·桑代克（E. L. Thorndike）和阿尔伯特·班杜拉（A. Bandura）是学习论学派的代表人物。学习论的先驱桑代克认为，动物的学习是无意识的，而人类的学习是有意识的，所有的学习都要通过分析与选择。桑代克创立了教育心理学科，他认为游戏是一种学习行为，行为遵循一定的规律（效果律和练习律），而且教育要求与社会文化对游戏有较大的影响。各种文化与亚文化的差异对不同类型行为的重视与奖励程度不一样，不同社会文化中的儿童游戏里也体现了这种差异。儿童游戏与动物游戏相比有显著的区别，儿童游戏用人类自身特有的方式归纳并且演绎出来的，而动物游戏则是动物根据自身

图 7-6 西格蒙德·弗洛伊德　　图 7-7 爱德华·李·桑代克

的生物本能或肌肉记忆进行的。（图7-7）

罗伯茨（J. M. Roberts）和史密斯（B. Sutton-Smith）也是学习论的代表人物，他们共同研究不同社会文化中的不同教养方式的儿童游戏，并将游戏分为三种类型：

第一种是一些儿童倾向于玩碰运气的游戏，原因是他们在重视责任和按吩咐行事的社会文化背景下成长，这些游戏是游戏者对生活的本能反应，反映了他们在生活中长期处于被动状态，希望能够从单调、顺从的生活中摆脱出来。

第二种是一些儿童倾向于玩身体机能方面的游戏，原因是他们在重视成就或成绩的社会背景中成长，在游戏中竞争结果不需要担负重重压力，儿童可以通过游戏轻松的竞争，放松紧张的情绪。

第三种是一些儿童倾向于玩计谋性的游戏，原因是他们在培养驯服性格的家庭中成长，日常生活中儿童的控制欲被压制，得不到发泄，但通过在游戏中控制游戏角色来发泄自己的情绪，可以使他们从压抑的生活得到解脱。

罗伯茨和史密斯的这些研究表明，在社会文化和教育要求下，儿童的游戏受到了深刻的影响。

"假装游戏"是史密斯提出的一个假设，他认为这个假设可以帮助人类打破心智上的传统联结，从而增加更多的思想观念组合，并且用更具创意的、创新的概念进行游戏。美国心理学家杰罗姆·布鲁纳（J. S. Bruner）也同样认为游戏的目的在于促进儿童弹性能力与创造力的发展。他强调游戏者在游戏过程中可以运用许多新颖、别出心裁的方式和行为进行游戏。（图7-8）

3. 认知论

瑞士儿童心理学家让·皮亚杰（J. Piaget）和苏联心理学家维果茨基（Lev Vygotsky）是认知论学派的代表人物。（图7-9、图7-10）

最早提出这一理论的学者是皮亚杰。20世纪发展心理学上最权威的理论就是认知论，它从智力发展的角度论述游戏不仅使行动与思维相结合，还使人们学习全新、复杂、客观的事物和事件，更是巩固和扩展概念与技能的方法。他认为游戏的主要目的是将经历的经验与认知者的想法相互融合，因此游戏可以反映人类个体的认知发展，并促进人类认知发展的能力。皮亚杰认为游戏有以下两个重要的作用：一是游戏可以使人类适应生活，能够起到引导和教育的作用，例如儿童在游戏中可以认知世界，最终能使行为适应现实世界的要求。二是游戏能够给人们提供纯粹的乐趣，使人产生愉悦的情感，例如儿童可以长时间地对某一种玩

图7-8 杰罗姆·布鲁纳　　　　图7-9 让·皮亚杰　　　　图7-10 维果茨基

具爱不释手。

维果茨基是苏联心理学家，重点探究儿童学习与发展的关系、思维和语言的问题，主要研究方向为教育心理与儿童发展。在他的论点中，游戏被当作一种创造思想、发散思维的行为，它是人类个体未来发展创造力与变通力的基础，因此他认为游戏的目的在于促进儿童抽象思维能力的发展。游戏是心理活动的随意机能，也是学前儿童的主要活动。游戏是想象力发展的源泉，在游戏中人类的思想可以摆脱现实生活的束缚，在心理发生重要的改变。人类在游戏中能够实现现实生活中不能实现的愿望，这说明游戏代表着想象力发展的开始。

图 7-11 亚伯拉罕·马斯洛

7.2 游戏心理学基础理论

在众多的心理学派论述中，亚伯拉罕·马斯洛（图7-11）对游戏心理学做出了最具操作性和针对性的论述，他是人本主义心理学派奠基人。1943年马斯洛在《人类激励理论》一书中提出了"需求层次论"。该书将人类需求理解成金字塔的形状，从低到高划分为五个层次，分别是：生理需求、安全需求、社交需求、尊重需求和自我实现需求（图7-12）。五种需求层层递增，其顺序不是固定的，是可以变化的。一个国家的文化和人民受教育的程度、科技发展水平、经济发展水平直接影响到这个国家多数人的需求层次结构。游戏根据马斯洛需求层次论常常把人类抽象成游戏角色，对产品进行优化。

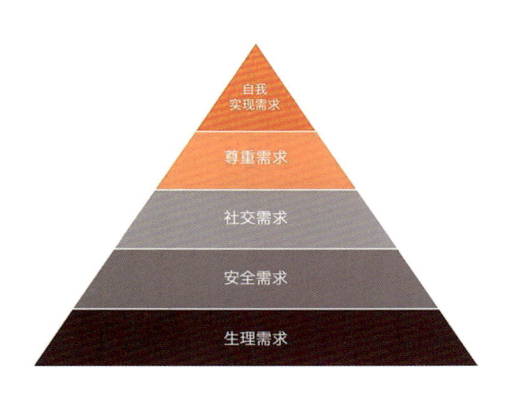

图 7-12 马斯洛需求层次理论

7.2.1 生理需求（Physiological needs）

维持人类生存所必需的身体最基本需要，其中包括对呼吸、睡眠、水、食物、生理平衡的需求。（图7-13）

人类最原始、最本能的需求就是生理需求，这是推动人类行动最首要的动力。当生理需求中任何一项不能得到满足时，人的生理机能将产生紊乱，生命将会受到威胁。人类在这时会表现出强烈的原始生存欲望，道德观念与思考能力明显削弱。例如，当一群人在荒无人烟的岛屿上，急需食物时，他们将会不择手段地互相抢夺。

马斯洛提出只有最基本的生理需求得到满足，人类才会进一步思考其他想要获取的东西，这些其他的需要才有可能成为新的激励因素。只有基本需求得到满足后，这些已经满足的需要便不再成为激励因素，也就是人们常说的"衣食足而知荣辱"。

图 7-13 生理需求

109

7.2.2 安全需求（Safety needs）

保证人类身心免受伤害的低级别需求，其中包括对人身安全、健康保障、道德保障、家庭安全、生活稳定、工作职位保障、资源财产所有性的需求。（图7-14）

安全需求与生理需求一样，在没有得到满足之前，并不会以其他更高层次的需求为动力。这是一种渴望稳定、安全的心理需求，当这种需要一旦得到满足，也就不再成为激励因素了。马斯洛认为，人类的整个身体都是一个追求安全的机制，它不仅仅是人类的感受器官、效应器官、智能和其他能量，是寻求安全的工具，甚至可以把人类研究的科学和人类人生观都理解成为满足安全需要的一部分。

图7-14 安全需求

7.2.3 社交需求（Love and belonging needs）

其中包括对友谊、爱情、性亲密的情感归属需求，这种需求属于较高层次的需求。（图7-15）

情感上的需要比生理上的需要更加细致，这与一个人的生活环境、受教育程度、阅历、宗教信仰、生理特性及心理状态都有着不可分割的关系。在社会中，每一个人都希望与他人建立良好的关系。

有的人因没有感受到身边人的关心，而认为自己没有存在的价值，这是属于缺乏社交需求的表现。例如，由于缺乏父母关怀，留守儿童更加容易认为自己没有存在感，而在学校交友中会更为积极地寻找朋友或同类，以寻求存在感；而青少年的吸烟行为，也是他们为了让自己更快地融入社交圈的一种表现。

图7-15 爱情

7.2.4 尊重需求（Esteem needs）

该需求理论是马斯洛晚年提出的，也属于较高层次的需求，其中包括对自我尊重、对他人的尊重、对个人成就或自我价值的信心以及他人对自己的认可与尊重的需求。（图7-16）

"期盼社会对自己的尊重，是个人天性的需要。"这是马斯洛提出的论点，当今社会，每个人都希望自己的个人能力和成就能够得到社会的认同，并在社会中有稳定的地位。而尊重需求又可分为两种类型：内部尊重和外部尊重。内部尊重是指人们能在各种不同情境中有实力、能胜任、充满信心、能独立自主的期许。外部尊重是指人们希望能够受到别人的尊重、信赖和高度评价，拥有地位、权力、威信等。我们在赢得了外部尊重的同时，内心也会对自己创造的价值而满足并且充满自信。

马斯洛认为，当尊重需求得到满足时，人会对社会满腔热情，对自己充满信心，体会到自己的价值。学生对尊重的需求体现在：充足的知识储备量、具备各种能力，这不仅仅能够维护自尊，而且还能得到别人的尊重。自尊对人类而言是极为珍贵的，是推动人类不断发展、自我教育的内在动力。

7.2.5 自我实现的需求（Self-actualization needs）

它是最高层次的需求，其中包括对个人理想抱负的实现、精神道德高度、创造力与自觉性、接受现实的能力和解决问题能力的需求。

图 7-16 自信

图 7-17 高峰体验

自我实现的需求是在前面四项需求得到满足的情况下衍生出来的一种最高层次的需求。每个人满足自我实现需求的途径是各式各样的，正如马斯洛提出的观点：为满足自我实现需求所采取的途径是因人而异的，满足较高层次需求的途径多于满足较低层次需求的途径。自我实现的需求的本质是：不断努力实现自己的潜力，使自己成为所期望的样子。

在调查一批相当有成就的人士后，马斯洛发现他们基本都有过一种相似的特殊的情感经历。马斯洛称这一情绪体验为"高峰体验"，具体表现为：欣喜、战栗、满足等超然的情绪体验。马斯洛认为，完成自我实现需求的人，即处于需求金字塔最顶端的人，相比其他层次的人更有可能发生高峰体验。（图7-17）

从以上五个层次的具体分析，我们可以得出以下结论：

最具优势的需求是低层次的需求，但当需求得到满足后，因其激励作用降低，所以低层次需求的优势地位将不再继续保持，随之被高层次的需求取代，并成为下一阶段推动行为的主要原因。

相较于低层次的需求，高层次的需求具有更大的价值和实力。人类对事物的兴趣是由高层次的需求激发出来的，每个人都有努力追求这种高层次需求的愿望与状态，但只有极少数人能够达到自我实现的最高需求状态。人的最高需求，即自我实现，就是以最高效和完整的方式表现个体的潜能与力量。只有这样，人的潜能才能得以发挥，才能使人得到高峰体验。

将马斯洛需求层次理论与游戏相结合，我们可以得出：一款游戏以安全保障为基础，能够满足玩家基本需求时，玩家将会对该游戏产生兴趣，并且投入进去；在游戏的过程中玩家能够感受到被尊重，那么玩家就会得到一定的快乐。

游戏设计的心理模型研究更多关注社交需求，自我实现需求与自我超越需求这三点，这三点组成了游戏设计以及游戏关卡设计的核心竞争力与核心价值。游戏制作团队要能够正确使用这几点心理学知识并能够将其应用到游戏设计中去。

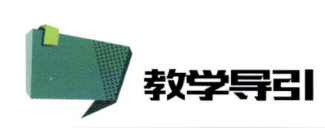

教学导引

小结：

本章对游戏心理学的基础知识进行了论述。通过本章的学习，让学生对游戏心理学的基础理论和演变历史和游戏心理学在游戏中的价值有一个深入的认识，为了解数字游戏的设计提供理论基础。

课后练习：

1. 根据本章所学内容，简单梳理游戏心理学的主要观点和发展历程。
2. 使用游戏心理学知识对一款数字游戏进行分析。

参考文献

[德] 康德.判断力批判.邓晓芒，译.人民出版社，2002

后记

20世纪80年代，真正意义上的数字游戏在这个时期开始萌芽。国内的玩家接触得最多的是红白机和街机游戏。在国内许多公共娱乐场所都能见到街机的身影，但其内容大都源于国外，当时国内还不具备开发数字游戏的能力。如今，数字游戏行业呈现多元化的发展趋势，逐步向军事、教育、医学、建筑以及工业制造等领域渗透。数字游戏不断发挥特有优势，开始产生正面的影响，人们对数字游戏的态度也开始发生转变。相信未来，数字游戏将在各个领域中发挥更积极的作用。

如今，数字游戏产业仍然在不断发展，已经成为人们日常生活中最常见的一种娱乐方式。在国内，许多游戏公司如雨后春笋不断涌现，传统行业也纷纷涉足游戏研发领域。大量的数字游戏开始在市场上出现，中国的游戏市场呈现井喷式增长。但游戏市场中的产品出现良莠不齐的现象，大量游戏内容雷同，枯燥乏味，缺少创新，更有甚者，在网络上还充斥着大量劣质游戏，极大地扰乱了社会秩序。

随着我国经济的崛起和文化复兴，国内的游戏产业逐步走上了全球化的发展道路。由于中西方文化的差异性，中国本土化的游戏要获得全球游戏市场认可还需要从多个方面进行努力，进一步挖掘传统文化的魅力，进一步开发中国的语言符号以及培养出综合素质过硬、专业能力优秀、有正确的人生观与价值观的游戏人才是解决这一问题的有力措施。

在这里特别感谢四川美术学院互动媒体实验班2019届学生于博文为本书的内容所进行的大量比对与修正工作。由于时间仓促，书中难免有不妥之处，请广大读者批评指正。

师涛